Points de départ

New edition for GCSE and Standard Grade

Everyday situations for French role-play

D1784368

TOM SWALLOW

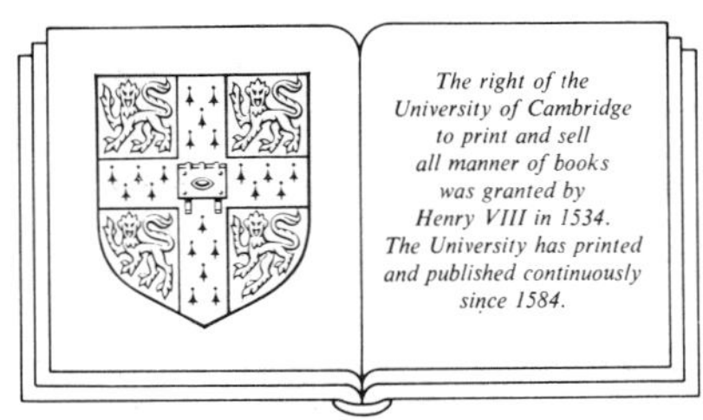

CAMBRIDGE UNIVERSITY PRESS

CAMBRIDGE

NEW YORK NEW ROCHELLE MELBOURNE SYDNEY

Contents

Published by the Press Syndicate of the University of Cambridge
The Pitt Building, Trumpington Street, Cambridge CB2 1RP
32 East 57th Street, New York, NY 10022, USA
10 Stamford Road, Oakleigh, Melbourne 3166, Australia

© Cambridge University Press 1983, 1989

First published 1983
Third printing 1985
New edition 1989

Printed in Great Britain by Scotprint Limited, Musselburgh.

ISBN 0 521 34769 6

Accompanying cassette ISBN 0 521 34540 5

WN

Introduction to GCSE EDITION

Purpose This book will help learners to deal with the more usual situations which they are likely to encounter when visiting France.

Range It covers topics set by GCSE and Scottish examination boards for role-play or conversational work. The content of all sections has been revised in the light of the defined content of the boards though no special treatment is afforded to those situations which normally require little or no linguistic exchange in French, e.g. passing through the Customs, changing money at a bank, using the Paris metro, etc. Where these situations occasionally require an exchange, the language needed can be largely acquired by working through the other sections. Every effort has been made to make the book functional and to avoid unlikely conversations. The emphasis is on learning what will be useful and particularly on what it would be useful for the young visitor to France to know. In some chapters a certain amount of 'background' information has been supplied where this is necessary for effective communication.

Use The topics and some of the essential language are presented through an initial conversation. The conversations recorded on the cassette can be used for Aural Comprehension and the transcripts in the book for Reading Comprehension. The language of each section is presented in terms of basic structures which, with the appropriate lexical items, will enable the learners to play a role. The linguistic demands of the different situations are naturally very variable, so pupils of a wide range of abilities will all find something to stretch them. The order of the chapters is not progressive. Topics have been grouped where they make similar linguistic demands on the learners in terms of structure and vocabularly, e.g. booking into a youth hostel/hotel/camp site, catching a train/bus/coach. As a consequence, an occasional topic set for the exam, e.g. getting repairs done, getting items cleaned, will have no separate chapter. The relevant structure and vocabulary are contained in other chapters, in this case largely Chapters 6 and 10.

The practice conversations, which are specially printed to make pair work easy, are an important feature of the book. They can be used for reading practice at first, until some fluency has been achieved, and then can provide a test like those encountered in the role-playing exercises set by the various examination boards. The lay-out of these pages enables the learners to act as teachers/prompters for each other so that the maximum benefit can be derived from the pair work without the need for constant intervention by the teacher. The way to use these pages is fully explained on the next page.

Some additional activities are provided for the more formal acquisition of vocabulary and structures.

Updating An extra examination practice section has been added.

Tom Swallow

How to use the practice dialogues

The practice dialogues are done in pairs. Put the book between you and your partner so you can read one half of the page and your partner can read the other. There are two stages to the dialogues: reading and then role-play.

READING

1 Begin with the *French* dialogue.
2 The person who has A for the French dialogue starts by reading sentence 1.
3 B then reads his/her part in the dialogue, then A , and so on.
4 Read the dialogue aloud several times, until you are very familiar with it. (You do not have to learn it off by heart.)

ROLE-PLAY

For the role-play, turn the book round so you are reading the other side of the page.

1 This time look at the English words. They give the English version of the sentences you have been reading in French.
2 Use the English to help you remember the French, and try to recreate the French conversation.
3 A starts.
4 The French on your side of the page is what your partner is trying to remember. Help him/her out as necessary.

When you can hold the conversation in French without much help from each other, change over roles. Let the one who was A play B and vice versa.

Whenever there is *m*______ in the dialogue (for example: *Bonjour, m*______) use *monsieur* if your partner is male and *mademoiselle* if your partner is female. Don't forget to get it right in the role-play, too!

Now try the simple conversation on the next page to get you used to these practice dialogues. In this dialogue, one of you is a shopkeeper and the other a customer.

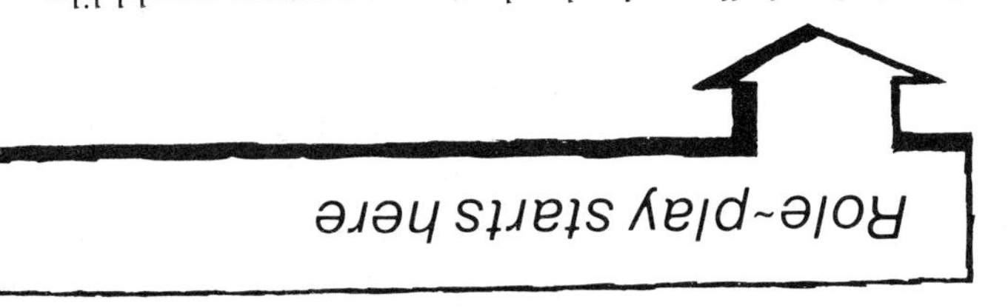

Role-play starts here

A 1 Say hello and ask what your partner would like.
2 Hand over the melons and ask if there is anything else.
3 Say that the price is 4F a bottle.
4 Ask if that is all.
5 Say that that comes to 26F.
6 Say goodbye.

B 1 Je voudrais trois melons, s'il vous plaît.
2 C'est combien, l'eau minérale?
3 Donnez-moi deux bouteilles, s'il vous plaît.
4 Oui, m______. Ça fait combien?
5 Voilà. Merci, m______. Au revoir.

Reading starts here

A 1 Bonjour, m______. Vous désirez?
2 Voilà, m______. Et avec ça?
3 4F la bouteille.
4 C'est tout?
5 Ça fait 26F.
6 Au revoir, m______.

B 1 Ask for three melons.
2 Ask how much the mineral water is.
3 Ask for two bottles.
4 Say 'yes' and ask how much that comes to.
5 Hand over the money. Thank your partner and say goodbye.

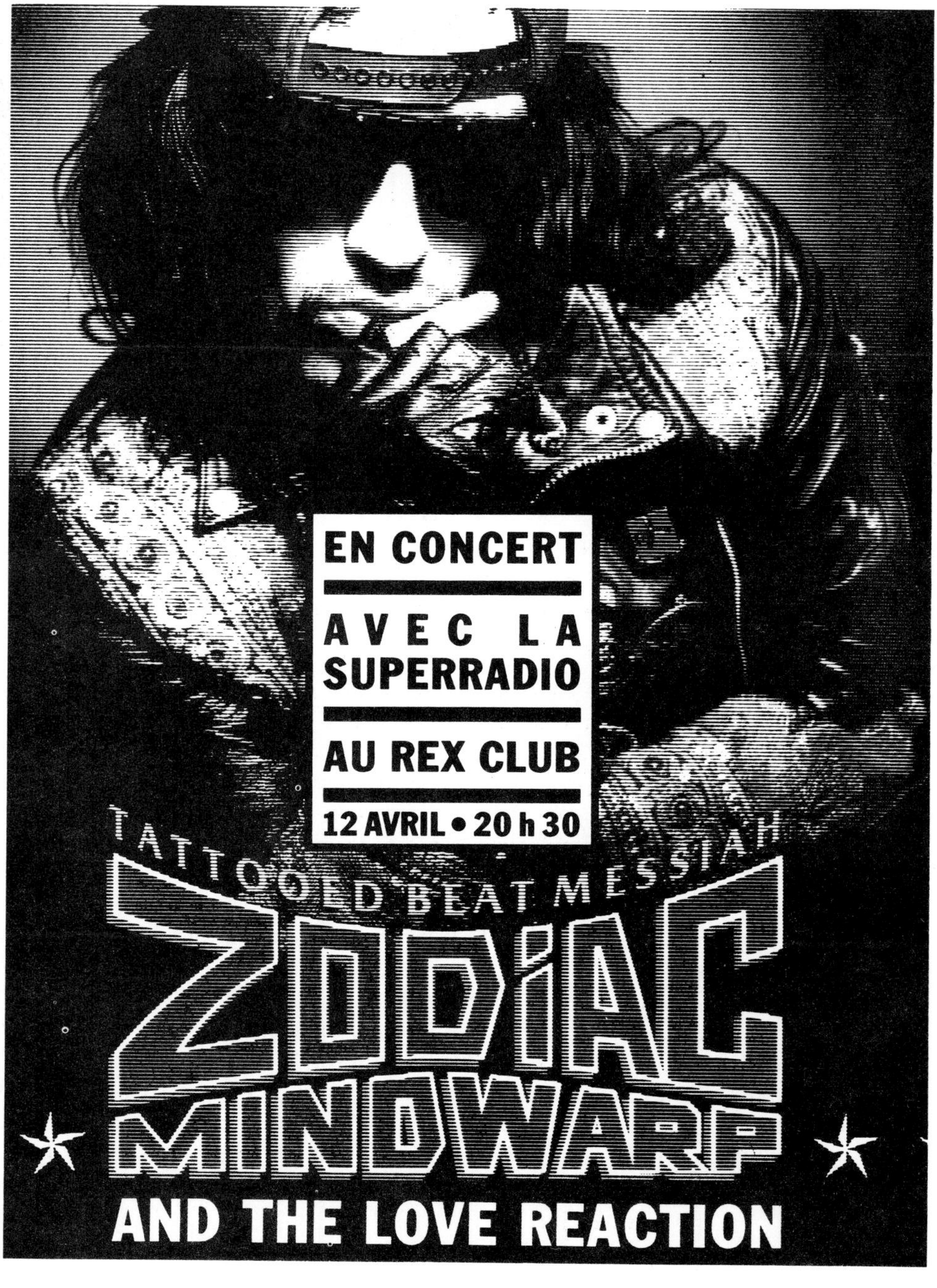

EN CONCERT

AVEC LA SUPERRADIO

AU REX CLUB

12 AVRIL • 20 h 30

TATTOOED BEAT MESSIAH

ZODIAC MINDWARP

AND THE LOVE REACTION

RÉSERVATIONS SUR MINITEL

1 A une surprise-partie

When meeting young people of your age in France, you will often want to ask them about their interests, their likes and dislikes, as well as telling them about your own. You may also want to arrange to meet them again. This unit will provide you with a lot of the language you will need.

DIALOGUE: CHEZ JEAN-CLAUDE

Susanne Price passe trois semaines à Grenoble avec sa correspondante française Anne-Marie Leduc. Samedi soir, elles sont allées à une surprise-partie chez un ami d'Anne-Marie.

ANNE-MARIE Jean-Claude, je te présente Susanne, ma correspondante anglaise.

JEAN-CLAUDE Bonjour, Susanne. Anne-Marie m'a déjà parlé de vous.

SUSANNE Bonjour, Jean-Claude. Merci de m'avoir invitée. C'est très gentil.

JEAN-CLAUDE Je vous en prie. C'est votre première visite à Grenoble?

SUSANNE À Grenoble, oui. L'année dernière, j'ai passé un mois avec des amis de la famille à Bordeaux. Vous êtes dans la même classe qu'Anne-Marie?

ANNE-MARIE Oui, en seconde. On peut se tutoyer, non?

JEAN-CLAUDE Bien sûr. Je t'offre un verre, Susanne?

SUSANNE Un coca, s'il te plaît. (*Jean-Claude s'en va chercher un coca.*) Il est très sympa, tu ne trouves pas?

ANNE-MARIE Oh, oui! (*Jean-Claude revient.*)

JEAN-CLAUDE Voilà. Anne-Marie, Madeleine te demande dans la cuisine. Tu peux donner un coup de main? (*Anne-Marie s'en va.*) Alors, Susanne, Grenoble te plaît?

SUSANNE Beaucoup. C'est une ville animée. On a beaucoup de possibilités de sortir.

JEAN-CLAUDE La montagne t'intéresse?

SUSANNE Ah, oui, un peu, de loin. Enfin, pas vraiment. Toi, tu es sportif?

JEAN-CLAUDE Je fais un peu de ski, de temps en temps. Et toi, Susanne, qu'est-ce que tu fais quand tu es libre?

SUSANNE Oh, ça dépend. Il y a des moments où je reste chez moi à discuter avec mes parents. La télé, mais pas souvent. De temps en temps il y a quelque chose de bien, mais ça m'énerve un peu. Je trouve qu'on passe trop de bêtises. Des fois, je sors avec des copains. On va se balader.

JEAN-CLAUDE Moi, personnellement, je m'intéresse beaucoup à la musique, à la musique anglaise en particulier. Il y a un concert de Zodiac Mindwarp and the Love Reaction ici, à Grenoble, samedi prochain. Ça t'intéresse?

SUSANNE Ah oui. J'aime beaucoup Zodiac Mindwarp. Je demanderai à Anne-Marie.

JEAN-CLAUDE A Anne-Marie? Bon, entendu. J'essayerai de louer trois places. D'accord? Je te téléphone chez Anne-Marie demain.

SUSANNE D'accord. Tu es très gentil.

STRUCTURES

(*The 'tu' form is used throughout this section*)

Introductions

Je te présente | mon ami Jacques. | Bonjour Jacques.
Voici | | Salut!

Tu as entendu parler de mon ami Jacques.
Je t'ai (déjà) parlé de mon ami Jacques.
Tu connais (déjà) mon ami Jacques. | Oui, bien sûr.
| Non, pas encore. | Heureux.

Asking about interests, likes, dislikes

Grenoble te plaît?
Le concert | t'a plu?
| t'a impressionné?
Le cinéma | (ça) t'intéresse?
La natation
Ce genre de musique
Ce genre de film
Qu'est-ce qui t'intéresse?
Qu'est-ce que tu | préfères | comme film?
| aimes
Tu | fais du sport?
| n'aimes pas tellement les discothèques?
| es bon en math?
Quel est | ton sport favori?
| ton groupe préféré?
Qu'est-ce que tu as | lu?
| vu?
| entendu?
'Le Cadeau' | tu l'as vu? | Qu'est-ce que tu en penses?
| tu l'as lu?

Exercise 1 Your friend went to the cinema recently. Using the section above, ask him/her as many questions as you can about it?

Expressing interests, likes and dislikes

Likes

Oui, (la musique anglaise) | ça me plaît beaucoup. Ça détend.
| ça m'intéresse beaucoup. Ça repose.
Oui, (la visite) ça m'a beaucoup | plu.
| intéressé.
| impressionné.
Oui, je m'y intéresse beaucoup.
Oui, j'aime beaucoup | Grenoble.
| le cinéma.

C'est C'était Je trouvais ça	(vraiment)	bien. marrant. agréable. réussi. extra.

(*Of person*) Je	le la	trouve	amusant(e). mignon(ne). gentil(le). sympa.

Ce n'était pas	mauvais, mal,	(ça m'a plu).

How often do you do what you like doing?

Tu y vas souvent? Très souvent.
De temps en temps. Quand je n'ai rien d'autre à faire.
Assez souvent. Quand il n'y a pas grand'chose à faire.
Assez rarement. Ça dépend des moments.
Tous les mardis et jeudis. C'est rare.

Exercise 2 You saw a good play (*une belle pièce*) at the theatre recently. You are trying to persuade your friend to take an interest in the theatre. Using the sentences in the section above find as many arguments as you can to persuade him/her.

☆ *Dislikes*

La lecture Le cinéma	ça ne m'intéresse pas	spécialement. tellement.

La télé, ça m'énerve.

Je n'aime pas tellement Je déteste	le jazz. vivre à la campagne.

Je n'aime pas du tout.
J'ai horreur de ça.

Disappointment

Je trouvais ça	laid. ennuyeux. affreux. triste. idiot.

J'ai été	un peu assez très plutôt	déçu.

Je ne trouvais pas ça terrible.

Comparing things

Je préfère	la mer à la montagne. le cinéma au théâtre.

Entre	le jazz et la musique pop le théâtre et le cinéma	il y a tout de même une différence.

J'aime mieux	le cinéma. le jazz.

Oui, le jazz, c'est mieux.
Ce n'est pas du tout la même chose.
Une préférence, non. J'aime bien les deux.

Je	lis / regarde	un peu de tout.

Exercise 3 Having sat and watched an awful TV programme, you are trying to persuade your boy friend/girl friend not to watch so much television. What sentences could you use to do this?

Exercise 4 Express your preferences about the following ways of spending your time:
e.g. Je préfère la ville à la campagne.
or: J'aime bien les deux.

la musique pop	la musique classique
le théâtre	le cinéma
la lecture	les sports
la radio	la télévision
les westerns	les films d'amour
les disques	les cassettes
la nourriture anglaise	la nourriture française
les films d'aventures	les films S.F.

Exercise 5 Jean-Luc and Antoine have expressed the following opinions, which have been jumbled. Decide which opinions could belong to whom, and then say which of the two characters you would prefer to spend an evening with and why.

1 [Jean-Luc] J'aime beaucoup danser.
2 Ce que je préfère comme film? J'aime surtout les westerns. Les films d'épouvante aussi.
3 J'aime beaucoup les sports d'hiver.
4 La musique pop, j'ai horreur de ça.
5 La télé? Ça m'énerve. Je préfère sortir.
6 Je ne suis pas très sportif.
7 Le cinéma ne m'intéresse pas spécialement.
8 Je préfère le cinéma au théâtre. J'y vais assez souvent.
9 Je suis allé à une disco l'année dernière. J'ai été très déçu. Danser, ah non! Je trouve ça idiot.
10 La musique pop anglaise me plaît beaucoup, mais je préfère le jazz.

☆ *Making arrangements*

Qu'est-ce qu'on va faire | demain?
Qu'est-ce que tu vas faire | ce soir?
Qu'est-ce qu'on | passe | joue | au cinéma?

On va à un concert samedi. | Tu veux venir avec nous? | Tu ne veux pas venir avec nous?

Je t'invite pour demain soir. Alors, disons demain, | à une heure. | même heure.

Tu es libre | samedi? | demain?

D'accord pour | demain? | huit heures?

Si on se voyait | de temps en temps? | devant le cinéma? | demain?

Je te téléphone?
Tu me téléphones?
Si on lui donnait un coup de téléphone?
Si je t'écrivais?
On se rencontre | Tu dois rentrer | à quelle heure?

On y va?

On pourrait | organiser un pique-nique. | aller à une disco.

☆

Accepting invitations	*Turning down invitations*
C'est / Tu es vraiment gentil.	C'est vraiment sympa, / gentil, mais je n'ai pas le temps. / je ne suis pas libre. / on m'attend. / je n'aime pas . . .
(Quelle) bonne idée.	
Bien sûr.	
Oui, je veux bien. / avec plaisir.	C'est que je ne peux pas en ce moment.
Volontiers.	Excuse-moi.
D'accord.	Je m'excuse.
Entendu.	Je regrette, / Désolé, mais ce n'est pas possible.
C'est ça.	
Pourquoi pas?	Eh bien, ce sera pour une autre fois.
À tout à l'heure. / bientôt. / ce soir.	

Exercise 6 Look at the advertisement for the concert to be given by Zodiac Mindwarp. Susanne rings you up to tell you about the concert. You cannot stand Zodiac Mindwarp but don't want to offend her and you make excuses. Invent the conversation.

Exercise 7 Below are some cinema and other advertisements. Make up a short conversation with your partner in which you both make suggestions as to what to do and, after some disagreement, you decide. Make arrangements to meet somewhere.

Football spectacle avec l'équipe de France

● *A 20 h 25, ce soir, su ... contre l'Irlande du Nord*

Au Cirque d'Hiver
LES BOUGLIONE JUNIORS
présentent
LA PARADE DES SALTIMBANQUES
avec le clown **BOBOSS**
MERCREDI 15 h - 21 h
SAMEDI 15 h - 21 h
DIMANCHE 14 h - 17 h
TOUTES AGENCES

ALHAMBRA
RENSEIGNEMENTS HORAIRES TELEPHONE : 34.43.18

« ETRANGE AFFAIRE »
séances tous les jours à 14h35, 17h05, 19h35 et 22h05
samedi séance supplémentaire à 0h15

« 12 SALOPARDS »
séances tous les jours à 14h30, 17h30 et 20h30
samedi séance supplémentaire à 23h30

« COMMENT DRAGUER TOUTES LES FILLES »
séances tous les jours à 14h40, 17h10, 19h40 et 22h10
samedi séance supplémentaire à 0h15

« MILLE MILLIARDS DE DOLLARS »
séances tous les jours à 14h30, 17h30 et 20h30
samedi séance supplémentaire à 23h30

DAUPHIN
TOUS LES JOURS SEANCES A 15h ET 21h
DIMANCHE SEANCES A 15h, 17h 45 ET 21

« LE BATEAU »
un sous-marin allem
pendant la

☆ *Leaving*

(Maintenant), si tu veux m'excuser, | il faut que je parte.
| il est déjà tard.

Merci mille fois. | Tu as été très gentil.
| Je me suis bien amusé.

Au revoir, Jacques, et merci. | A bientôt.
| A tout à l'heure.
| A demain.
| A dimanche.
| A la prochaine.

Exercise 8 Match up a sentence from list A with a sentence from list B so that the two sentences express similar or related ideas.

A
1 Je n'aime pas tellement ça.
2 Oui, ça me plaît beaucoup.
3 Une préférence, non.
4 Ça m'a beaucoup intéressé.
5 Je n'aime pas du tout.
6 Je ne trouvais pas ça terrible.
7 C'était vraiment merveilleux.

B
1 Ça m'a beaucoup impressionné.
2 Je trouvais ça extraordinaire.
3 J'aime bien les deux.
4 Ça ne m'intéresse pas spécialement.
5 Oui, j'aime beaucoup (ça).
6 Ça m'énerve.
7 J'ai été un peu déçu.

Exercise 9 Rewrite the sentences below using an expression which means the same as the word or words in italics.

1 Je ne sors pas *beaucoup*.
2 La télévision, *ça détend*.
3 J'écoute la radio quand *je n'ai rien d'autre* à faire.
4 Le film était vraiment *marrant*.
5 *Tu as une préférence?*
6 La natation, *j'ai horreur de ça*.
7 Tu veux aller prendre un verre? Oui, *je veux bien*.
8 Tu as été vraiment *gentil*.
9 Alors, rendez-vous demain à une heure. *D'accord*.
10 *C'était* vraiment très beau.

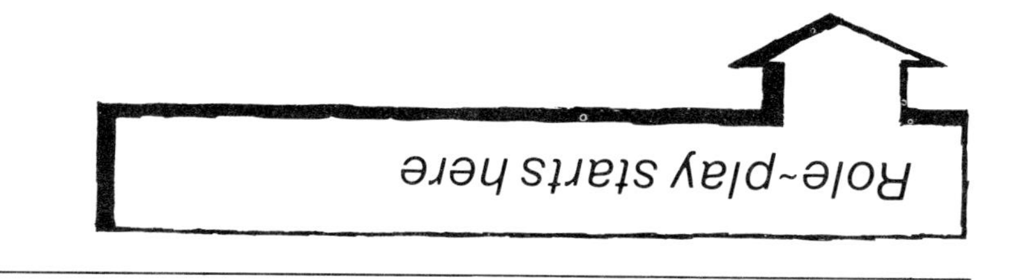

A

1 Ask if your partner enjoyed the film last night.
2 Ask if he/she prefers westerns or romantic films.
3 Say 'Not particularly'. Say that you don't go out much, that you see a film occasionally on TV and find it relaxing.
4 Say that you too were quite disappointed.
5 Say that you are going to a disco in town this evening. Ask if your partner is interested and if he/she would like to come with you.
6 Say that you are meeting at 8.30 at the cafe Monaco. Say 'Goodbye. See you this evening'.

B

1 Oh, oui. Ça m'a beaucoup impressionné. C'était très marrant. Je trouvais ça vraiment bien fait.
2 J'aime bien les deux. Je n'aime pas tellement les films d'horreur. Ça t'intéresse, le cinéma?
3 Dimanche soir, j'ai vu ______ à la télé. Je ne trouvais pas ça terrible. Tu l'as vu?
4 Eh bien, qu'est-ce qu'on va faire ce soir?
5 Bien sûr.
6 C'est ça. A ce soir.

Reading starts here

A

1 Alors, le film hier, ça t'a plu?
2 Qu'est-ce que tu préfères comme film, les westerns, les films d'amour?
3 Pas spécialement. Je ne sors pas beaucoup. De temps en temps, je vois des films à la télé. Je trouve que ça détend.
4 Oui, moi aussi, j'ai été assez déçu.
5 Ce soir, on va à une disco, en ville. Tu veux venir avec nous? Ça t'intéresse?
6 On a rendez-vous à 8h.30, au café Monaco. Allez, au revoir. A ce soir.

B

1 Say that you were very impressed, that it was funny and you thought it was a well-made film.
2 Say you like both. Say you don't like horror films so much. Ask if your partner is interested in the cinema.
3 Say you saw ______ on TV on Sunday evening and that you did not think it was very good. Ask if your partner saw it.
4 Ask what you are going to do this evening.
5 Say 'Of course'.
6 Say 'Right. See you this evening'.

Reading starts here

A

1 Bonjour, ______. C'est ta première visite à Rouen, n'est-ce pas?
2 Alain nous a beaucoup parlé de toi. Tu es très sportif/sportive, n'est-ce pas?
3 Très bien. On va à un concert de jazz en ville demain soir. Alain a horreur de ça, mais tu pourrais y aller quand même.
4 Si on se voyait devant la cathédrale à 8h.30?
5 Tu pourras me téléphoner s'il y a un problème. Allez, au revoir.

B

1 Say 'Yes', that you've been there a week and that you like Rouen a lot.
2 Tell your partner not to exaggerate, that you are interested in swimming and that you occasionally swim competitively.
3 Say 'Of course' and that your partner is very nice. Say you prefer jazz to pop music and ask what time you are to meet.
4 Agree to the suggestion and say that you will make your excuses to Alain and his family. Thank your partner and say 'See you tomorrow'.
5 Say goodbye.

Role~play starts here

A

1 Say hello to your partner and ask if it is his/her first visit to Rouen.
2 Say Alain has spoken a lot about him/her to you. Suggest that he/she is very good at sport.
3 Say 'Great', and then that you are going to a jazz concert in town tomorrow evening. Say Alain hates them but that your partner could go anyway.
4 Arrange to meet in front of the cathedral at 8.30.
5 Say your partner can telephone you if there is a problem. Then say goodbye.

B

1 Oui. Je suis là depuis huit jours. Rouen me plaît beaucoup.
2 Oh, il ne faut pas exagérer. Je m'intéresse à la natation. Je fais des compétitions de temps en temps.
3 Bien sûr. Tu es vraiment sympa. Je préfère le jazz à la musique pop. Alors, on se rencontre à quelle heure?
4 D'accord. Je m'excuserai chez Alain. À demain et merci.
5 Au revoir.

2 A l'hôtel
A l'auberge de jeunesse
Au camping

You will find that hotel accommodation is, on the whole, much cheaper in France than in Britain and the French have now sorted out the worst of their plumbing problems! Three books will give you all the information you need to find a reasonable hotel, either for the whole of your holiday or for an overnight stop on the way to your camp site. These books are the red *Guide Michelin*, the *Guide des Relais Routiers* and the *Guide des Hôtels* of the *Logis de France et Auberges Rurales*. The *Syndicat d'Initiative* (local tourist office) will usually book a room for you at short notice.

There are two separate youth hostelling associations in France: *La Ligue Française pour les Auberges de la Jeunesse* and *La Fédération Unie des Auberges de Jeunesse*. Each association sets up and runs its own youth hostels (AJ).

The youth hostels vary considerably in the range and quality of the facilities they offer. Some offer a high standard of comfort, , whilst *Gîtes d'étape* may be little more than a roof for the night, . Some, , are temporary hostels in tents. In the mountains there are hostels called *Refuges*, which may be manned only in summer. It is not uncommon to find mixed washing facilities, toilets and dormitories. Prices range mostly from about 40F to 60F per night.

DIALOGUE A: A L'HÔTEL

Alison et Peter Wilson et leurs parents viennent de passer trois semaines sous la tente à Royan sur la côte atlantique. Ils sont en route pour Cherbourg et ils ont décidé de passer la nuit dans un hôtel à Avranches, au lieu de trouver un camping, parce qu'il commence à pleuvoir. Il n'y a qu'Alison qui parle français.

(*À la réception*)

PATRONNE Bonsoir, messieurs dames. Vous désirez?

ALISON Bonsoir, madame. Vous avez des chambres pour la nuit, s'il vous plaît?

PATRONNE Vous avez fait des réservations?

ALISON Non, madame.

PATRONNE Vous êtes combien?

ALISON Nous sommes quatre, madame.

PATRONNE Alors, voyons ce que j'ai. L'hôtel est presque complet.

MR WILSON What's she saying?

ALISON Wait a minute, dad.

PATRONNE Bon, j'ai encore deux chambres pour deux personnes. La chambre numéro 17, avec salle d'eau, au premier étage et la chambre numéro 34 au troisième.

ALISON Ce sont des chambres à deux lits?

PATRONNE Ah, non, mademoiselle. Ce sont des chambres à un grand lit.

ALISON She's got two rooms with double beds.

PETER Hasn't she got one with twin beds?

ALISON S'il vous plaît, madame, vous n'avez vraiment pas de chambre à deux lits?

PATRONNE Je regrette. Je peux mettre un lit supplémentaire dans une des chambres.

PETER I'm not sleeping with Alison.

MR WILSON Shut up, Peter. You'll be lucky to get a bed.

ALISON Avec un lit supplémentaire, ça coûtera plus cher?

PATRONNE Ah oui. C'est 50F en plus. Alors vous prenez les chambres?

ALISON Oui, madame.

PATRONNE Très bien, mademoiselle. Eh bien, voilà les clefs.

ALISON Merci, madame.

MR WILSON What's happening then? Did you ask how much it is?

ALISON It says on the wall. 50F extra for a single bed in one of the rooms.
(*À la patronne*)
Le petit déjeuner, c'est à quelle heure s'il vous plaît?

PATRONNE Entre 7h.30 et 10h., dans la salle à manger en face. Vous voulez que je vous réveille?

ALISON Non, merci, madame. Je me réveille toujours de bonne heure.

PATRONNE Bonne nuit, messieurs dames.

DIALOGUE B: AU CAMPING

(*Trois jeunes filles arrivent à un camping.*)

ANNICK Bonjour, madame. Vous avez encore de la place?

GARDIENNE Bonjour, mademoiselle. C'est pour combien de nuits?

ANNICK Cinq nuits au minimum.

GARDIENNE Vous êtes combien?

ANNICK Trois jeunes filles.

GARDIENNE C'est pour une tente, n'est-ce pas? Alors, j'ai un emplacement pas trop loin des sanitaires.

ANNICK Je suis sûre que ce sera très bien.

GARDIENNE Bon. Si vous voulez me remplir ces deux fiches, Jean-Luc va vous montrer votre emplacement.

ANNICK Il y a un magasin pour les campeurs?

GARDIENNE Oui, c'est tout près de la sortie. Vous pouvez y acheter tout ce qu'il vous faut, boissons, nourriture, glace.

ANNICK On peut y acheter du gaz butane?

GARDIENNE Non, mademoiselle. Pour le gaz butane, vous venez ici au bureau. Il y a aussi un restaurant.

ANNICK Un restaurant? Est-ce qu'il faut réserver une table?

GARDIENNE Ah non, on ne peut pas réserver une table. Vous pouvez commander des repas à emporter si vous voulez.

ANNICK C'est très commode. Voilà les fiches, madame.

GARDIENNE Jean-Luc, emmène cette jeune fille et ses amies à l'emplacement numéro 72, s'il te plaît.

STRUCTURES

Bonjour, messieurs dames, vous désirez?

Vous avez une chambre	à deux lits	pour	la nuit,	s'il vous plaît?
	pour une personne		deux nuits,	

Vous avez encore de la place?

Vous n'avez pas	deux chambres	au	premier	étage?
	de chambre		même	

Il y a une	salle de bains?
	salle de jeux?

La chambre, c'est à quel étage?

Le dîner, c'est	à quelle heure?
	à partir de quelle heure?

Cela coûte	combien par nuit par personne?
C'est	

S'il vous plaît, monsieur, où	est le bloc sanitaire?
	sont les lavabos?

Vous avez fait des réservations? C'est à quel nom?

J'ai réservé deux	chambres	pour	trois nuits.
	lits		une semaine.

Je vous ai téléphoné	la semaine dernière.
Je vous ai écrit	il y a huit jours.
	en février.

Alors, vous prenez les chambres? Vous voulez voir la chambre?

Oui, madame, je	la	prends.
	les	

Le petit déjeuner	est compris?
Le service	

Le menu est à combien?

C'est tout compris?

Ça ira très bien.

C'est exactement	ce qu'il	nous	faut.
Ce n'est pas tout à fait		me	

Vous avez des ennuis? Vous n'avez besoin de rien?

Je peux	laisser la voiture devant l'hôtel?
On peut	acheter du gaz butane dans le magasin?
	louer un sac de couchage?

Je n'arrive pas à	faire marcher la douche.
	ouvrir les volets.
	fermer le robinet.

Il n'y a plus de	savon.
Il ne reste plus de	papier de toilettes.

Il manque	une couverture.
	un sac de couchage.

VOCABULARY

le camping	*the camp site*
le magasin	*the shop*
la salle de jeu	*the games room*
la direction	*the management*
le gardien, la gardienne	*the camp site manager, manageress*
le patron, la patronne	*the proprietor, manager, manageress*
le père aubergiste, la mère aubergiste	*the warden*
une fiche de renseignements	*an information form*
une fiche d'hébergement	*a youth hosteller's card*
la réception	*reception*
un emplacement	*a site for the tent*
un robinet	*a tap*
une poubelle	*a dustbin*
un matelas pneumatique	*an inflatable mattress*
une clef	*a key*
un dortoir | de filles	*a girls' dormitory*
de garçons	*a boys'*
mixte	*a mixed*
une chambre | pour une personne	*a single room*
à deux lits	*a twin-bedded room*
à un grand lit	*a double room*

calme/tranquille — *a quiet room*
qui donne sur la mer — *a room overlooking the sea*
avec salle de bains — *a room with bathroom*
avec salle d'eau — *a room with shower*
avec douche
avec un lit supplémentaire — *a room with an extra bed*

pension — *full board*
demi-pension — *half board*
un étage — *a storey, floor*
un ascenseur — *a lift*
complet — *full*

Useful verbs

laisser *to leave*
garer *to park*
louer *to hire*
réserver *to reserve*
commander *to order*
remplir *to fill (in)*
dresser *to put up (a tent)*

marcher *to work (properly)*
être coincé *to be jammed*
arriver à (faire) *to manage to (do)*
régler par chèque *to settle by cheque*
régler avec une carte de crédit *to settle by credit card*
monter | descendre les bagages — *to take | to bring the luggage up | down*

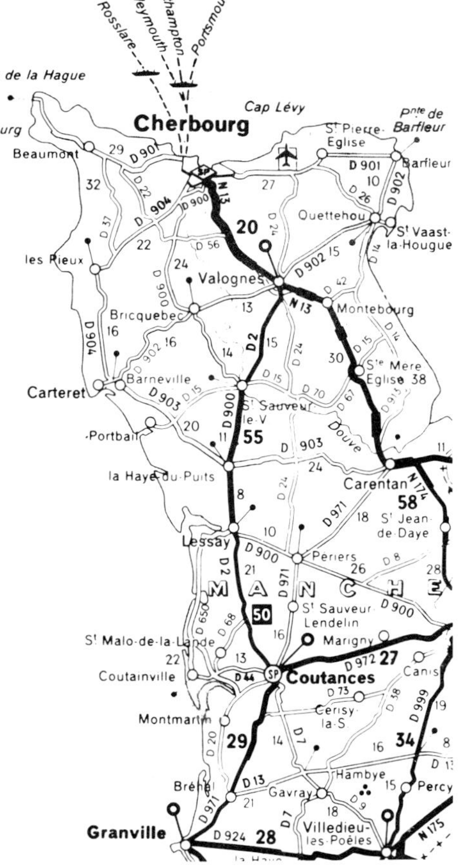

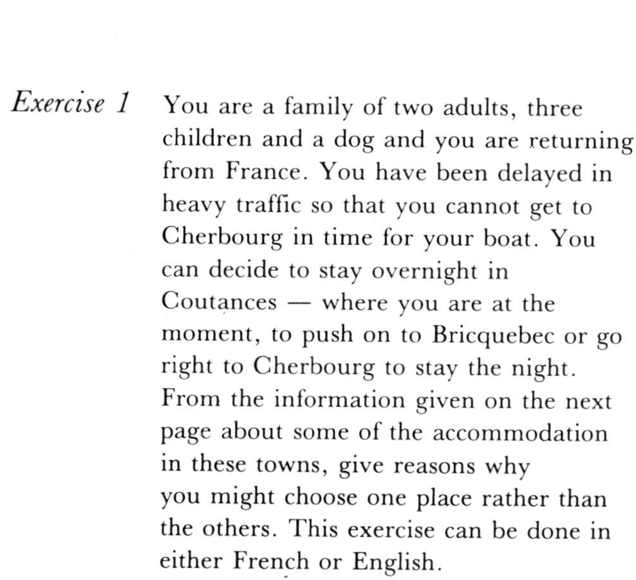

Exercise 1 You are a family of two adults, three children and a dog and you are returning from France. You have been delayed in heavy traffic so that you cannot get to Cherbourg in time for your boat. You can decide to stay overnight in Coutances — where you are at the moment, to push on to Bricquebec or go right to Cherbourg to stay the night. From the information given on the next page about some of the accommodation in these towns, give reasons why you might choose one place rather than the others. This exercise can be done in either French or English.

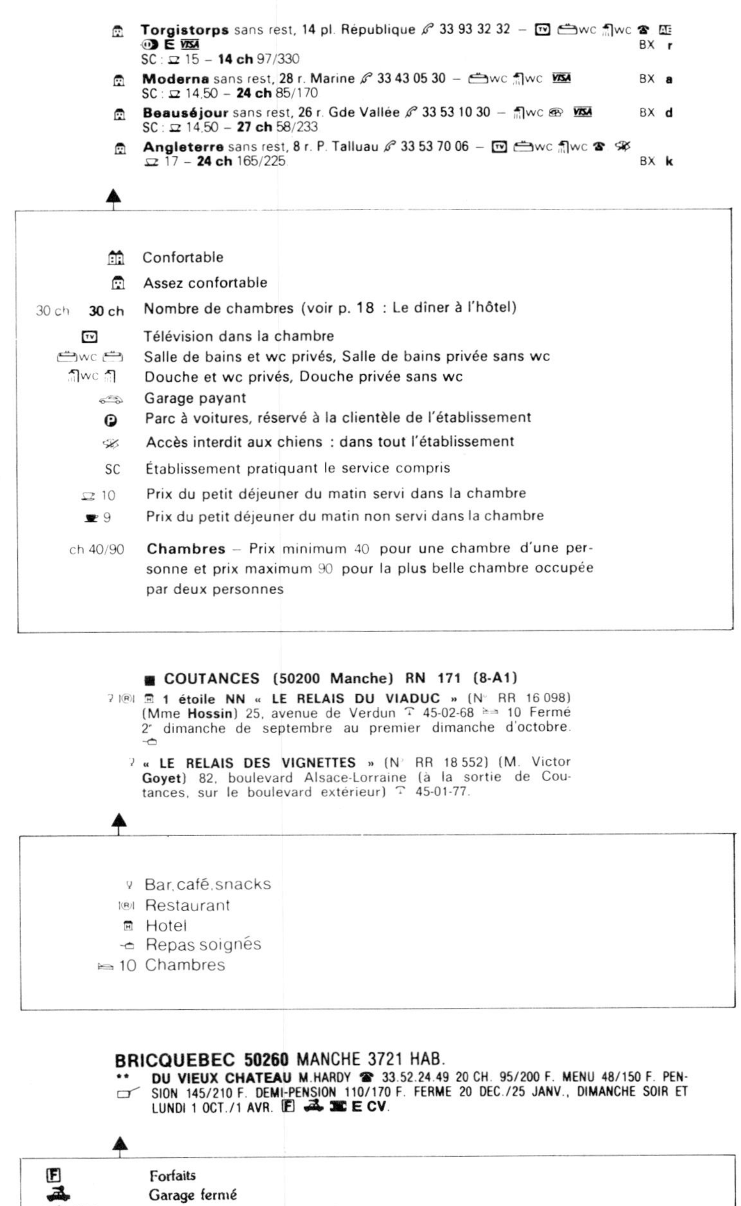

Torgistorps sans rest, 14 pl. République ✆ 33 93 32 32 – TV ⊏⊐wc ⩍wc ☎ AE ◑ E VISA — BX **r**
SC : ⊐ 15 – **14 ch** 97/330

Moderna sans rest, 28 r. Marine ✆ 33 43 05 30 – ⊏⊐wc ⩍wc VISA — BX **a**
SC : ⊐ 14,50 – **24 ch** 85/170

Beauséjour sans rest, 26 r. Gde Vallée ✆ 33 53 10 30 – ⩍wc ⊛ VISA — BX **d**
SC : ⊐ 14,50 – **27 ch** 58/233

Angleterre sans rest, 8 r. P. Talluau ✆ 33 53 70 06 – TV ⊏⊐wc ⩍wc ☎ ✗ — BX **k**
⊐ 17 – **24 ch** 165/225

	Confortable
	Assez confortable
30 ch **30 ch**	Nombre de chambres (voir p. 18 : Le diner à l'hôtel)
TV	Télévision dans la chambre
⊏⊐wc ⊏⊐	Salle de bains et wc privés, Salle de bains privée sans wc
⩍wc ⩍	Douche et wc privés, Douche privée sans wc
	Garage payant
P	Parc à voitures, réservé à la clientèle de l'établissement
✗	Accès interdit aux chiens : dans tout l'établissement
SC	Établissement pratiquant le service compris
⊐ 10	Prix du petit déjeuner du matin servi dans la chambre
9	Prix du petit déjeuner du matin non servi dans la chambre
ch 40/90	**Chambres** – Prix minimum 40 pour une chambre d'une personne et prix maximum 90 pour la plus belle chambre occupée par deux personnes

■ **COUTANCES (50200 Manche) RN 171 (8-A1)**

1 étoile NN « LE RELAIS DU VIADUC » (N° RR 16 098) (Mme **Hossin**) 25, avenue de Verdun ☎ 45-02-68 ⊨ 10 Fermé 2ᵉ dimanche de septembre au premier dimanche d'octobre.

« LE RELAIS DES VIGNETTES » (N° RR 18 552) (M. Victor **Goyet**) 82, boulevard Alsace-Lorraine (à la sortie de Coutances, sur le boulevard extérieur) ☎ 45-01-77.

Y	Bar,café,snacks
	Restaurant
	Hotel
	Repas soignés
⊨ 10	Chambres

BRICQUEBEC 50260 MANCHE 3721 HAB.
•• **DU VIEUX CHATEAU** M.HARDY ☎ 33.52.24.49 20 CH. 95/200 F. MENU 48/150 F. PENSION 145/210 F. DEMI-PENSION 110/170 F. FERME 20 DEC./25 JANV., DIMANCHE SOIR ET LUNDI 1 OCT./1 AVR. F E CV.

F	Forfaits
	Garage fermé
VISA, AE	Carte bleue-Visa, American Express
◑, E	Diners Club, Eurocard
CV	Chèques-vacances acceptés

Exercise 2 *Exemple* Le WC est coincé. Allez le dire à la patronne.
Pardon, madame, je n'arrive pas à faire marcher le WC.

1 L'ascenseur est coincé. Allez le dire à la patronne.
2 La lumière ne fonctionne pas. Allez le dire à la patronne.
3 Le robinet ne fonctionne pas. Allez le dire au patron.
4 La douche est coincée. Allez le dire à la patronne.
5 La télé est coincée. Allez le dire au patron.

Exercise 3 Quel est le mot qui ne va pas avec les autres? Vous trouverez peut-être plus d'une possibilité. Discutez-les!

1 les lavabos   les toilettes   le robinet   la douche
2 une chambre   une salle d'eau   un dortoir
3 une caravane   un garage   un parking   une poubelle
4 le patron   le gardien   le campeur   le père aubergiste
5 une salle de bains   une salle de jeux   une salle d'eau   un cabinet de toilette

Exercise 4 Mettez le verbe qu'il faut dans les phrases suivantes.

1 Je dois ______ la clé à la réception?
2 Je peux ______ un sac de couchage?
3 Je dois ______ une fiche de renseignements?
4 Je peux ______ la voiture devant l'hôtel?
5 Je veux ______ par chèque si c'est possible.
6 Je dois ______ un repas pour emporter?
7 Je peux ______ une tente dans ce champ, s'il vous plaît?
8 Je veux ______ une chambre à deux lits.

dresser   laisser   remplir   louer
régler   garer   réserver   commander

Exercise 5 The card gives details of the types of rooms available and their cost at the *Hôtel Bellevue*. Assuming that you know nothing about the hotel at the start, invent the telephone conversation which would enable you to find out this information. Book rooms for two nights for you and your family.

HOTEL ... Bellevue ...
Classement ... 1* NN ...

PRIX DES CHAMBRES

Nets Service Compris
Petit Déjeuner Compris

CHAMBRES EAU COURANTE	:	de 75 à 80
CHAMBRES	Salles de bains ou : Salles de douche avec W.C.	de 120 à 140
CHAMBRES	Salles de bains ou : Salles de douche avec W.C.	de 180 à 200

SYNDICAT PROFESSIONNEL DES HOTELIERS

Restaurateurs et Cafetiers du Pas-de-Calais
7, Place du Wetz-d'Amain, ARRAS

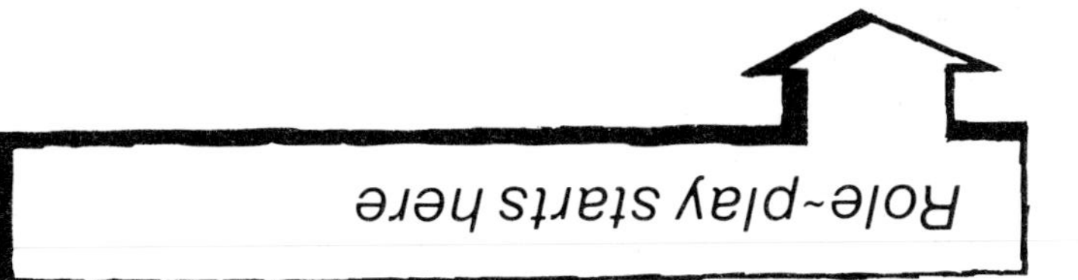

A 1 Say 'Good evening' and ask the tourists what they would like.
2 Ask your partner how many they are.
3 Say that you have two double rooms on the third floor.
4 Say 'Of course' and ask if your partner wants to see the rooms.
5 Say that it is 240F for the two rooms and 50F for the extra bed.
6 Say 'Yes' and that parking is not restricted.

B 1 Bonsoir, m______, vous avez encore des chambres pour la nuit, s'il vous plaît?
2 Nous sommes deux adultes et trois enfants.
3 Vous pouvez mettre un lit supplémentaire?
4 Oui, m______ . . . . C'est exactement ce qu'il nous faut. Je les prends. C'est combien par nuit?
5 Le petit déjeuner est compris?
6. . . . Je peux laisser la voiture devant l'hôtel?

Reading starts here

A 1 Bonsoir, messieurs dames. Vous désirez?
2 Vous êtes combien?
3 Bon, j'ai deux chambres à deux lits au troisième étage.
4 Bien sûr. Vous voulez voir les chambres?
5 Pour les deux chambres, c'est 240F et 50F pour le lit supplémentaire.
6 Oui, m______. C'est tout compris. C'est quel nom?
7 Oui, m______, le stationnement n'est pas limité.

B 1 Say 'Good evening' and ask if your partner still has some rooms for the night.
2 Say you are two adults and three children.
3 Ask if your partner can put in an extra bed.
4 Say 'Yes' . . . Say that it is exactly what you want and that you will take the rooms. Ask how much it is per night.
5 Ask if breakfast is included.
6 Give your name and ask if you can leave the car in front of the hotel.

Reading starts here

A
1 Bonjour, m______, il y a encore de la place?
2 Trois nuits.
3 Oui, m______. Nous sommes deux adultes et trois enfants.
4 Ah non, m______. C'est combien par nuit, s'il vous plaît?
5 On peut acheter des plats à emporter dans le magasin?
6 Bien sûr. Vous avez un plan du camping?

B
1 Ask how many nights it's for.
2 Ask if it's for a tent.
3 Ask if your partner has any animals.
4 Say it's 50F for the site, 30F for adults and 15F for children aged between 7 and 15. Say that the showers are free and that you pay when you leave.
5 Say 'Yes'. . . . Ask your partner to fill in two cards, one for you and one for the police. Say it's site number 16.
6 Say 'Yes, I will mark your site on it'.

Role-play starts here

A
1 Say hello and ask if there is any room.
2 Say 'Three nights'.
3 Say 'Yes' and that you are two adults and three children.
4 Say 'Oh no!' and ask how much it costs per night.
5 Ask if you can buy take-away dishes in the shop.
6 Say 'Of course' and ask if your partner has a plan of the camp site.

B
1 C'est pour combien de nuits?
2 C'est pour une tente?
3 Vous avez des animaux?
4 C'est 50F pour l'emplacement et 30F pour les adultes. 15F pour les enfants entre 7 et 15 ans. Les douches sont gratuites. Mais vous réglez quand vous partez.
5 Oui, m______. . . . Voulez-vous me remplir ces deux fiches, une pour moi et une pour la police. C'est l'emplacement numéro 16.
6 Oui, je vais marquer votre emplacement là-dessus.

3 Au café Au restaurant

Le Saint-Jacques
46, Boulevard des Alliés – 62100 CALAIS

France is famous for its food so, even if you are camping, it is worth eating out from time to time. It need not cost very much and, by choosing a fixed price menu (*menu à prix fixe*), you know in advance how much you have to pay. It is best to avoid the *À la carte* menu unless you are 'splashing out'.

Several books will help you plan your eating as well as your holiday. The red *Guide Michelin* and the guide of the *Logis de France* contain information about the prices of meals in hotels and restaurants. The *Relais Routiers* are good value, especially those which have been awarded *une casserole*. Some hypermarkets have good self-service restaurants and the food is reasonably priced.

L'appétit vient en mangeant!

The café is a focus of social activity in France, as the pub and the wine-bar often are in Britain. If you just want a drink or a snack, go to a café. They are open all day and until late at night. Many young people use them as meeting places. There are often juke boxes, pin-ball machines, space-invader machines and bar football in them, as well as the best coffee in Europe.

DIALOGUE A: AU CAFÉ

Il est six heures du soir. Quatre jeunes gens s'asseyent à la terrasse d'un café sur le boulevard Victor Hugo à Nîmes.

FRANÇOIS Mets-toi là, Simone. Michel, approche la table, là. Ça y est. On est mieux comme ça.
MICHEL Alors, qu'est-ce que tu prends, Danielle?
DANIELLE Moi, je voudrais quelque chose de bien frais. Je prends un citron pressé.
MICHEL Et toi, Simone? Une grenadine?
SIMONE Oh, je n'ai pas très soif. Bon, qu'est-ce que je prends? Oui, un café.
FRANÇOIS Pour moi, une Kronenbourg.
MICHEL Garçon! . . . Un citron pressé, une Kronenbourg, un café crème et un diabolo menthe.
SIMONE Le café crème, c'est pour qui?
MICHEL Oh, excuse-moi. Un café.
GARÇON Alors, pas de café crème?
MICHEL Non, je me suis trompé. C'est un café noir.

. . . . . .

GARÇON Voilà. C'est 34F.
MICHEL François, tu as une pièce de 5F? Merci. Merci, monsieur.

DIALOGUE B: AU RESTAURANT

Yves Martin et sa fiancée Annick Cousseau passent leurs vacances dans les Alpes, près de Chambéry. Ils font du camping mais, ce soir, ils ont décidé de manger dans un restaurant à La Feclaz. Demain ils quitteront les Alpes pour rentrer en Bretagne.

GARÇON Bonsoir monsieur, madame.
YVES Bonsoir. Vous avez une table pour deux personnes, s'il vous plaît?
GARÇON Oui, monsieur. Si vous voulez bien me suivre.
ANNICK La table dans le coin, elle est libre?
GARÇON Ah oui. Voilà. . . .
(*Dix minutes plus tard*)
GARÇON Vous avez fait votre choix?
YVES Ce sera deux menus à 90F. Pour commencer, nous prendrons un hors d'oeuvre varié et un melon glacé. Ensuite, un jambon cru pour deux. Puis, un contrefilet de boeuf pour moi et une escalope de veau pour mademoiselle.
GARÇON Très bien, monsieur. Qu'est-ce que vous désirez comme boisson?
YVES Une bouteille de Mondeuse et une carafe d'eau, s'il vous plaît.
. . . . . .
GARÇON Vous prenez du fromage, monsieur?
ANNICK Oui. Qu'est-ce que vous avez comme fromages?
GARÇON Du Brie, du Roquefort, du Camembert et ça, c'est du Bleu de Bresse.
ANNICK Alors, moi, je prends un morceau de Brie.
YVES Je voudrais un tout petit morceau de Camembert.
GARÇON Et comme dessert?
YVES Deux vacherins.
. . . . . .
YVES Garçon, l'addition, s'il vous plaît.
GARÇON Oui, monsieur.
YVES Le service est compris?
GARÇON Oui, monsieur. C'est tout compris.

STRUCTURES

Je peux réserver (une table) pour huit heures, s'il vous plaît?
Garçon, vous avez une table | libre? / à la terrasse? / pour trois personnes?

Vous désirez? Qu'est-ce que je peux vous servir?
Vous avez | *choisi?* / *fait votre choix?*
Et avec ça, qu'est-ce que je vous donne?
Je voudrais / Nous voudrions | le menu à 55F, / quelque chose à la carte, | s'il vous plaît.
Je préfère un snack.
Rillettes, / Salade de crudités, | qu'est-ce que c'est?

Vous le voulez comment votre steak?

à point bien cuit	*well cooked*
saignant	*'rare'*
bleu	*almost raw*

Oui, mademoiselle?

Ça prendra combien de temps, s'il vous plaît?

Vous pouvez changer	le verre, l'assiette,	s'il vous plaît?

Il manque	un couteau. une cuillère.

Apportez-nous Mettez-nous	une carafe de vin rouge, s'il vous plaît.

(On peut avoir)	la carte l'addition de l'eau du sel	s'il vous plaît?

Qu'est-ce que vous avez Qu'est-ce qu'il y a	comme fromages? comme dessert? au menu à 70F?

Vous avez terminé?

Oui, merci bien, c'était très bon.

Le service Le vin	est compris?

Vous acceptez les cartes de crédit?
Je vous invite.
C'est moi qui paie.

VOCABULARY

(The vocabulary of a French restaurant would require a dictionary in itself. We can only give you some of the more usual words.)

un repas un menu	à prix fixe	*a set price*	*meal* *menu*
à la carte		*free choice menu, always more expensive*	
plat du jour		*dish of the day, 'Today's special'*	
bon appétit!		*enjoy your meal!*	

 *The menu*

le potage la soupe	*the soup* par exemple – la soupe à l'oignon, le potage de poisson aux herbes, une bouillabaisse
les hors-d'oeuvre	*the starters* – crudités, melon glacé, terrine, salade de tomates, jambon
les entrées	*the course before the main course* – poissons, friture, rognons, omelette fines herbes, fruits de mer
les viandes	*the meat dishes* – steak, contrefilet, rôti de porc, poulet rôti, côte de porc
les légumes	*the vegetables* – pommes de terre frites, haricots verts, petits pois, une salade
les fromages	*the cheeses* – Brie, Camembert, Port Salut, Bleu de Bresse
les desserts	*the desserts* – fruits, mousse au chocolat, glaces, gâteau, tarte aux pommes

Wines

Wines are:	vins rouges	*red wines*
	vins blancs	*white wines*
	vins rosés	*rosé wines*
They can be:	frais	*chilled*
	chambré	*at room temperature*
	sec	*dry*
	doux	*sweet*

You can order:

un carafon	*a quarter litre*
une carafe	*a half litre*
une bouteille	*a bottle*
une demi-bouteille	*a half bottle*
un pichet	*a jug*

In a café, you are more likely to order:

un sandwich au jambon	*a ham sandwich*
un sandwich au fromage	*a cheese sandwich*
un croque-monsieur	*a toasted ham and cheese sandwich*
une orange pressée	*a fresh squeezed orange with sugar, ice and water*
un citron pressé	*a fresh squeezed lemon with sugar, ice and water*
un orangina	*a fizzy orange drink*
un jus d'orange	*an orange juice*
un diabolo menthe	*a drink made from mint syrup*
une grenadine	*a drink made from grenadine syrup*
une bière bouteille	*a bottled beer*
une bière pression (un demi)	*a draught beer*
de l'eau minérale	*mineral water*
un café (noir)	*a black coffee*
un café crème	*a white coffee*
un café au lait	*a milky coffee usually drunk at breakfast*
du thé	*tea*

Your parents may have:

un apéritif	*before their meal and*
un digestif	*after it*

Exercise 1 Qu'est-ce que je peux vous servir?

— Discuss the menus on the next page with your teacher.
— Write out the meal that you would choose, including wine.
— Write out what you think your friend would choose. Compare notes to see how close you got.

Exercise 2 Vous avez choisi?

Using the menus on the next page, and ways of expressing likes and dislikes (see *Structures* section in Chapter 1), make up a conversation between four young people who are choosing what to order.

La Maison du Champagne

RESTAURANT DE TOURISME * *
HOTEL * * NN

SAMEDI 5 JUILLET

51400 BEAUMONT sur VESLE

AUCUN SUPPLÉMENT NE SERA DU AU TITRE DU SERVICE

TOUS NOS PRIX SONT NETS

MENU A .....55 FR BOISSON NON COMPRISE

CRUDITES VARIEES
FROMAGE DE TETE
ou FILET DE HARENG POMMES A L HUILE
POTAGE AUX LEGUMES

-:-:-:-:-:-:-:-

I/4 POULET ROTI
TRIPES MAISON
ou OMELETTE JAMBON
ROSBEEF FROID MAYONNAISE

-:-:-:-:-:-:-:-

FROMAGE
TARTE AUX ABRICOTS
ANANAS
ou FRUITS
GLACE PARFUM DU JOUR
CREME

aucun plat ne sera échangé
dans les menus

couvert enfant pris avec
les parents...25 FR

MENU A ....90 FR BOISSON NON COMPRISE

HORS D OEUVRE VARIEES
OU
POTAGE AUX LEGUMES

-:-:-:-:-:-:-:-

au choix
TRIPES MAISON AU CHAMPAGNE
RILLETTES DE POULET DU CHEF
MELON AU RATAFIA 3.FR SUPPL
FILET DE HARENG POMMES A L HUILE

-:-:-:-:-:-:-:-

au choix
SAUTE DE BOEUF BOURGUIGNON
ANDOUILLETTE DE TROYES GRILLEE
PIECE DE BOEUF GRILLEE 7.FR SUPPL
CANARD AUX GRIOTTES
I/4 POULET ROTI
ROSBEEF FROID MAYONNAISE

-:-:-:-:-:-:-:-

LE PLATEAU DE FROMAGES

-:-:-:-:-:-:-:-

TARTE AUX ABRICOTS OU FRAISES.ANANAS AU KIRSCH FANTAISIE
CREME CARAMEL.GLACE PARFUM DU HOUR.CASSATE.PARFAIT CAFE
SUSPENS.MONACO

-:-:-:-:-:-:-:-:-:-

NOS VINS

COTEAUX CHAMPENOIS : LA BOUTEILLE

BEAUJOLAIS	*COTE DU RHONE*	*ALSACE*	*COTE DE PROVENCE*	*BIERES 25 cl*
La bouteille	La bouteille	La bout.	La bouteille	Vittel
La 1/2 bout.	La 1/2 bout.	La 1/2 bt.	Rosé la 1/2 bout.	1/2 Vichy

Reading starts here

A
1 Bonjour, m______. Vous désirez?
2 Il y a des sandwichs au jambon, des sandwichs au fromage et des croque-monsieur.
3 Un croque-monsieur, c'est fait avec du pain de mie grillé, du jambon et du fromage. C'est assez bon.
4 Mais bien sûr. Qu'est-ce que vous voulez comme boisson?
5 Alors, un sandwich au jambon et un café crème.
6 Voilà, m______. C'est 21F.
7 Oui, m______.

B
1 Ask what sandwiches they have.
2 Ask what a *croque-monsieur* is.
3 Say 'How awful!'. Say that you will have a ham sandwich and ask if the sandwiches are fresh.
4 Say that you would like a coffee with milk.
5 Ask your partner for the bill.
6 Ask if the service is included.

Role-play starts here

A
1 Say hello to your partner and ask what he/she would like.
2 Say that there are ham and cheese sandwiches and some *croque-monsieur*.
3 Explain what a *croque-monsieur* is and say that it is quite nice.
4 Say 'But of course' and ask what your partner would like to drink.
5 Confirm the order.
6 Say 'There it is. That's 21F'.
7 Say 'Yes'.

B
1 Qu'est-ce que vous avez comme sandwichs?
2 Des croque-monsieur? Qu'est-ce que c'est, s'il vous plaît?
3 Quelle horreur! Bon, je prends un sandwich au jambon. Ils sont frais, les sandwichs?
4 Je voudrais un café crème, s'il vous plaît.
5 Garçon, l'addition, s'il vous plaît.
6 Le service est compris?

Reading starts here

A

1 Bonjour, monsieur, madame. Une table pour deux personnes?
2 Oh oui, m______.
3 Vous avez choisi?
4 Alors, une salade de tomates, un rôti de porc avec des pommes vapeur, une soupe à l'oignon et un steak-frites. Qu'est-ce que vous voulez boire?
5 Oui, m______. . . . Vous voulez un dessert?
6 Fruits ou glaces.

B

1 Say 'Yes' and ask if your partner has a table near the window.
2 Thank your partner and ask for the menu.
3 Say 'Yes'. Order a tomato salad and roast pork with boiled potatoes for your friend and say you will have the onion soup and steak and chips.
4 Ask for a carafe of red wine.
5 Ask what they have for dessert.
6 Say your friend will have a vanilla ice-cream and that you will have a peach.

Role~play starts here

A

1 Say hello to the man and woman and ask if they want a table for two.
2 Say 'Yes'.
3 Ask if your partner has chosen.
4 Confirm you have got the right order and ask what they would like to drink.
5 Say 'Yes'. . . . Ask if they would like a dessert.
6 Say 'Fruit or ice-cream'.

B

1 Oui. Vous avez une table près de la fenêtre?
2 Merci. La carte s'il vous plaît.
3 Oui. Pour m______, une salade de tomates et un rôti de porc avec des pommes vapeur. Moi, je prends de la soupe à l'oignon et un steak-frites.
4 Une carafe de vin rouge, s'il vous plaît.
5 Qu'est-ce que vous avez comme dessert?
6 Bon, une glace à la vanille pour m______ et une pêche pour moi.

4 Au syndicat d'initiative

In most French towns and villages you will find an *Office de Tourisme* or a *Syndicat d'Initiative* where you can get town plans, maps of the region, leaflets describing the local sporting and entertainment facilities and places of interest, as well as bus and train time-tables. They often have postcards and books and brochures about the region. The people who work there will help you to make your stay as pleasant and as interesting as possible.

DIALOGUE: AU SYNDICAT D'INITIATIVE

(Un touriste vient d'arriver à Vallon Pont d'Arc, en Ardèche.)

EMPLOYÉE Bonjour, monsieur.

TOURISTE Bonjour, mademoiselle. Est-ce que vous avez un plan de la ville, s'il vous plaît?

EMPLOYÉE Bien sûr, monsieur. Il y en a là, près de la porte. . .

TOURISTE On m'a dit qu'on peut faire du canoë dans la région. Où est-ce que je peux louer un canoë ou un kayak, s'il vous plaît?

EMPLOYÉE Bon, alors, vous quittez Vallon dans la direction de Salavas, vous tournez à gauche, ne traversez pas la rivière, et vous prenez la route des Gorges de l'Ardèche. Vous verrez sur votre droite une location de kayaks, de canoës et de radeaux. C'est tout de suite après le tunnel.

TOURISTE Merci, mademoiselle. C'est loin d'ici?

EMPLOYÉE Vous avez une voiture?

TOURISTE Ah non, je suis en vélo.

EMPLOYÉE En vélo, c'est à dix minutes de Vallon.

TOURISTE Bon, merci mademoiselle. . . . Ah oui, il y a des cars pour aller à Ruoms, s'il vous plaît?

EMPLOYÉE Il y a des cars qui partent de la Mairie toutes les heures, à partir de dix heures. Vous avez un horaire des cars là, sur la table.

TOURISTE Samedi prochain, je dois aller à Avignon. Où est la gare la plus proche, s'il vous plaît?

EMPLOYÉE Alors, là, vous n'avez pas de chance. La gare la plus proche, c'est Pierrelatte, mais elle n'est pas desservie par les services publics.

TOURISTE Bon, je vais me débrouiller pour aller à Pierrelatte. Vous avez un horaire des trains et leurs correspondances?

EMPLOYÉE Je regrette, monsieur, je n'en ai plus pour le moment. Je peux téléphoner, si vous voulez, mais il y a des gens qui attendent. Vous pouvez passer au syndicat cette après-midi?

TOURISTE Bien sûr. Alors, à cette après-midi.

EMPLOYÉE C'est ça. À bientôt. Au revoir, monsieur.

TOURISTE Au revoir, mademoiselle, et merci.

STRUCTURES

☆ *Finding out*

Do you have . . . ?

Est-ce que vous avez	un plan de la ville, une carte de la région,	s'il vous plaît?

Where is/are . . . ? How do I get to . . . ?

Où est	la gare (la plus proche), le cinéma (le plus proche),	s'il vous plaît?

Où sont les taxis, s'il vous plaît?

Pour aller	à la gare, au commissariat de police,	s'il vous plaît?

Pour y aller, s'il vous plaît?

S'il vous plaît, madame, je cherche	le camping municipal. un hôtel modeste.

Is there/are there . . . ? What is there . . . ?

Est-ce qu'il y a	une piscine une auberge de jeunesse beaucoup de choses à voir	près d'ici? dans la ville? dans la région?

Qu'est-ce qu'il y a à	voir visiter	dans la région?

How far . . . ?

C'est	loin à quelle distance à combien de minutes à combien de kilomètres	d'ici?

Where can I . . . ?

Où est-ce que je peux	louer un kayak, prendre un car pour Aubenas,	s'il vous plaît?

Can you/Can one . . . ?

Est-ce qu'on peut	faire du canoë louer un vélo	dans	la région, la ville,	s'il vous plaît?

Where do I have to go to . . . ?

Où est-ce qu'il faut aller pour	acheter un billet pour le concert, prendre le car,	s'il vous plaît?

When does it start/finish?

Le film Le concert	(ça)	commence finit	à quelle heure, s'il vous plaît?

☆ *Understanding directions*

Allez Continuez	dans la direction de Salavas. jusqu'au feu rouge. jusqu'au bout.

Vous suivez la rue de . . . jusqu'au bout.

Continuez	tout droit. un peu (plus loin).

Prenez	la première rue la deuxième rue la prochaine rue	à	droite. gauche.

Tournez	à droite. à gauche.

Traversez	la rue. le pont.

C'est sur votre	droite. gauche.

Le château Le parking	est à ______	minutes (kilo)mètres	d'ici. de la mairie.
C'est	en face de à côté de tout de suite après	l'hôtel de ville.	

Exercise 1 Pour aller à . . . , s'il vous plaît?

Regardez le plan de Dol de Bretagne. Dites à votre partenaire ce qu'il faut faire pour aller:
- de la gare à la cathédrale
- du syndicat d'initiative à la Salle Omnisport
- de la cathédrale au bureau de poste
- de l'Hôtel de Bretagne au Stade Teze Herbert
- de la Salle Omnisport au Chemin des Planches

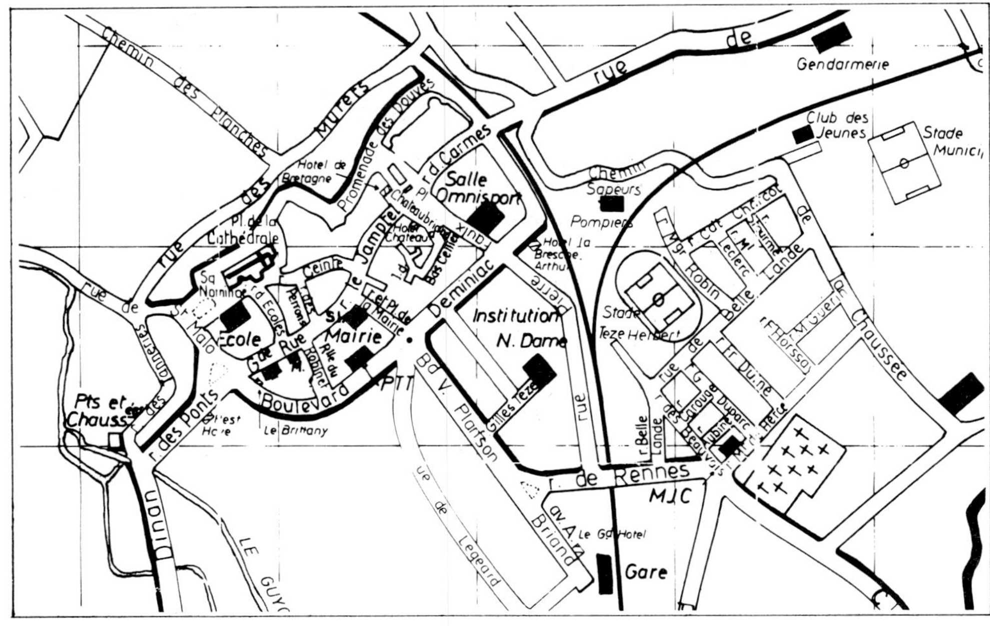

VOCABULARY

se promener faire une promenade	*to go for a walk*	une fête	*a fete, festival*
		un stade	*a stadium*
aller à la pêche	*to go fishing*	un terrain	*a pitch*
faire du sport	*to do sports*	une piscine	*a swimming pool*
se distraire	*to amuse oneself*	un musée	*a museum*
se débrouiller	*to find a way, get by*	une place	*a seat*
danser	*to dance*	une disco	*a disco*
louer	*to hire*	une boîte	*a night-club*
une location	*a hiring place*	une exposition	*an exhibition*
les environs	*the area*	à partir de	*from (a time)*
une carte	*a map*	proche	*near*
un horaire	*a time-table*		

Exercise 2 Using the section on interests, likes and dislikes in Chapter 1 say why the Château des Ormes camp site would or would not appeal to you. Make up as many sentences as you can starting *On peut y . . .*

Exemple: On peut y faire des promenades à cheval.

Exercise 3 Using the symbols below, say how far it is to the places indicated:

e.g. La plage est à 100 mètres d'ici.

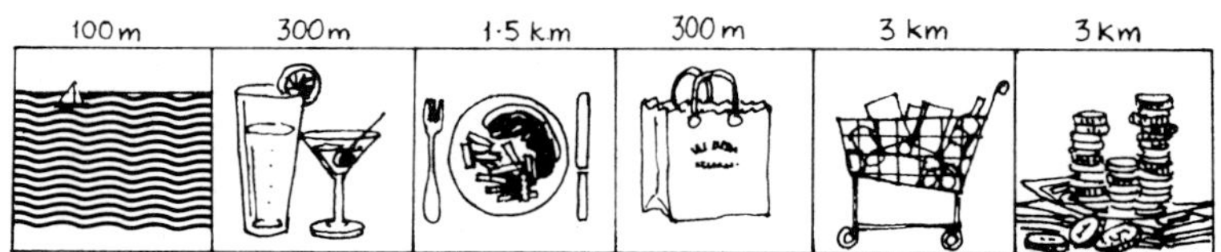

Role-play starts here

A

1 Ask if your partner has a plan of the town.
2 Say that you are looking for the town camp site.
3 Ask if it is immediately after the bridge.
4 Thank your partner. Ask what there is to see in the area.
5 Ask if it is far.
6 Thank your partner.

B

1 Bien sûr. Il y en a là sur votre gauche.
2 Le camping municipal. Alors, c'est facile. Regardez le plan de la ville. Vous suivez la rue principale jusqu'au feu rouge, vous traversez le pont et le camping est sur votre droite.
3 C'est ça.
4 Il y a beaucoup de choses à visiter. Vous avez, par exemple, la grotte à Orgnac. C'est très impressionnant.
5 C'est à 25 kilomètres de Vallon, sur la route de Barjac.
6 Je vous en prie. Au revoir et bonnes vacances.

Reading starts here

A

1 Est-ce que vous avez un plan de la ville, s'il vous plaît?
2 Je cherche le camping municipal.
3 C'est tout de suite après le pont?
4 Merci, m______. Qu'est-ce qu'il y a à voir dans la région?
5 C'est loin d'ici?
6 Merci, m______.

B

1 Say 'Of course. There are some on your left'.
2 Say 'The town camp site. That's easy. Look at the town plan'. Then tell your partner to follow the main road as far as the traffic lights, to cross the bridge and that the camp site is on his/her left.
3 Confirm that it is.
4 Say that there are lots of things to visit, the cave at Orgnac, for instance. Say that it is very impressive.
5 Say that it is 25 kilometers from Vallon on the Barjac road.
6 Say 'Don't mention it, goodbye and have a nice holiday'.

Role-play starts here

A

1 Say hello and ask if you can help.
2 Tell your partner to go down the main street, to take the first right, to continue a little way towards Ruoms and that there is a cycle hire shop on his/her right.
3 Say 'Yes, I think so'.
4 Say that there is a fête at Ruoms next Saturday.
5 Say that it is on all day from 10 o'clock or 10.30.
6 Say 'Don't mention it. Goodbye'.

B

1 Bonjour, m______. Où est-ce qu'il faut aller pour louer un vélo, s'il vous plaît?
2 C'est ouvert tous les jours?
3 Merci, m______. Est-ce qu'il y a une fête régionale dans les environs cette semaine?
4 Ça commence à quelle heure?
5 Merci, m______. Au revoir.

Reading starts here

A

1 Bonjour, m______. Je peux vous aider?
2 Alors, descendez la rue principale. Prenez la première rue à droite, continuez un peu dans la direction de Ruoms et il y a une location de vélos sur votre droite.
3 Oui, je crois.
4 Oui, m______. Il y a une fête à Ruoms samedi prochain.
5 C'est toute la journée, à partir de 10h, 10h30.
6 Je vous en prie. Au revoir, m______.

B

1 Say hello. Ask where you have to go to hire a bike.
2 Ask if it is open every day.
3 Thank your partner. Ask if there is a regional fête in the area this week.
4 Ask what time it starts.
5 Thank your partner and say goodbye.

5 A la gare

LES CHEMINS DE FER

French Railways have been nationalised since 1937 and are run by the *Société Nationale des Chemins de Fer Français (SNCF).*

France is divided into five regions or *réseaux* (networks). The official time-table of the *SNCF, Le Chaix,* is published by region. You will notice from the map that the hub of the system is Paris.
There are six major railway stations in Paris, each serving a region of France.

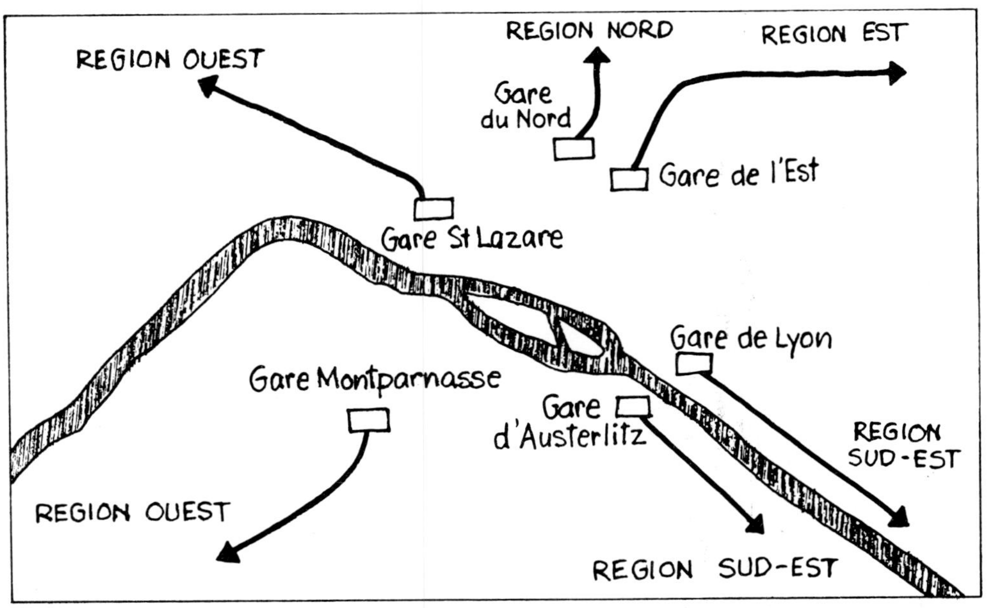

Exercise 1 Using the maps, and a map of France if necessary, answer the following questions:

1 Pour aller à Bordeaux, c'est quelle gare?
2 Pour aller aux Alpes, c'est quelle gare?
3 Pour aller en Alsace, c'est quelle gare?
4 Pour aller en Bretagne, c'est quelle gare?
5 Pour aller à la Côte d'Azur, c'est quelle gare?
6 Pour aller à Calais, c'est quelle gare?
7 Pour aller au Havre, c'est quelle gare?
8 Pour aller à Biarritz, c'est quelle gare?

Now try asking the questions. You could use different towns and regions.

Carte Inter-rail

Faites le grand tour! Avec la Carte INTER-RAIL, si vous avez moins de 26 ans, pour 1 320 F*, vous voyagez autant que vous le voulez en 2e classe pendant un mois, dans plus de 20 pays étrangers. Et vous avez 50 % de réduction en 2e classe sur toutes les lignes de la SNCF.

Et avec la Carte INTER-RAIL + BATEAU, pour 1 560 F*, en plus de ces avantages vous bénéficiez également de traversées gratuites sur les lignes de certaines compagnies maritimes.

La Carte INTER-RAIL et la Carte INTER-RAIL+ BATEAU sont disponibles dans toutes les gares et les agences de voyages. Il suffit d'une pièce d'identité.

La grande évasion!

The French have a good system of reductions. The ones which are likely to interest you are the *Carte Jeune* and the *Carte Inter-rail*.

Voyagez, bougez, tout l'été! Avec la Carte Jeune SNCF, de 12 à 25 ans, pour 145 F*, 50 % de réduction sur tous vos voyages en période bleue!
La Carte est valable du 1er juin au 30 septembre en 1re comme en 2e classe sur toutes les lignes de la SNCF (sauf banlieue de Paris).
En plus, vous avez droit à une couchette gratuite en période bleue, un trajet à moitié prix sur les Chemins de Fer Corses, des prix très intéressants sur les circuits touristiques SNCF, et même un aller-retour à 50 % sur le ferry Dieppe-Newhaven. Il faut juste une pièce d'identité et une photo. La Carte Jeune SNCF, l'évasion à la Carte!

Carte Jeune

Situation *A la gare*

Alain Durand vient de passer un mois en Bretagne avec ses copains. Ils ont fait le tour de la côte du nord en vélo. Aujourd'hui, les copains d'Alain rentrent chez eux, mais Alain va rejoindre ses parents et ses deux frères à Vallon Pont d'Arc, en Ardèche. La famille Durand va passer quinze jours dans le Midi avant de rentrer chez eux à Caen. Alain dit au revoir à ses copains et va à la gare de St Malo.

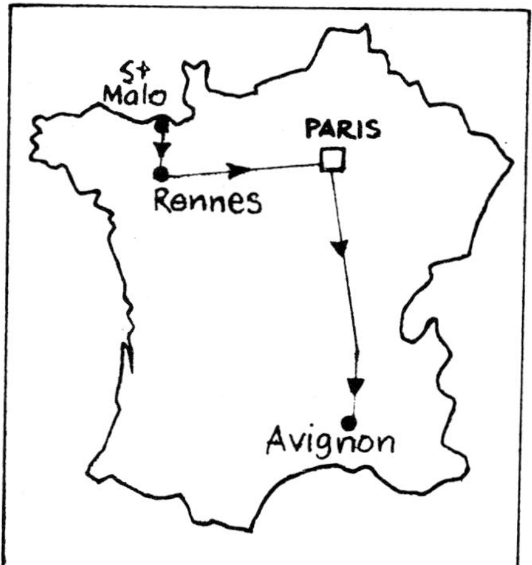

DIALOGUE A: AU GUICHET

ALAIN Un aller simple, deuxième classe, pour Avignon, s'il vous plaît.
LE MONSIEUR Un aller simple pour Avignon. Voilà. Ça fait 330F.
ALAIN Et pour le vélo, s'il vous plaît? C'est combien?
LE MONSIEUR Ah, vous avez un vélo. Attendez! . . . Pour le vélo, c'est 16F. Ça fait 346F.
ALAIN Voilà. Merci monsieur. Le prochain train part à quelle heure?
LE MONSIEUR A 8h.56. Quai numéro 2.
ALAIN Il est direct pour Paris?
LE MONSIEUR Ah, non. Il faut changer de train à Rennes. Il y a une correspondance à 10h.23 et vous arrivez à Paris, Gare Montparnasse, à 13h.34.
ALAIN Merci, monsieur. Je garde le vélo?
LE MONSIEUR Non. Laissez-le là. Je m'en occupe. Vous allez chercher le vélo à la gare d'Avignon dans deux ou trois jours.
ALAIN Merci, monsieur. Au revoir.

DIALOGUE B: DANS LE TRAIN

MADAME DAZY Pardon, monsieur, est-ce que cette place est libre?
ALAIN Non, madame. Elle est occupée. Il y a une place libre à côté.
MADAME DAZY Oui, moi, vous savez, je préfère une place près de la fenêtre. (*Elle reste debout.*)
ALAIN Bon, voilà madame. Prenez ma place. Je prends la place à côté. Cela m'est égal.
MADAME DAZY Merci. C'est très gentil. (*Elle s'installe.*) Est-ce qu'il y a une voiture-restaurant?
ALAIN Je ne sais pas, madame. Moi, vous savez, je n'ai pas faim.

Exercise 2 Invent the dialogue between Alain and the employee at the *Bureau de Renseignements* (Information Bureau) which allows him to find out the times of trains to Avignon, the times of arrival and whether he has to change trains. Use the information in the time-table. Today is Friday 13th July.

Numéro du train		5055	7077	5003	7791	177	5007
Notes à consulter		8	6	21	6	22	23
Paris Gare de Lyon	D	14.25		15.50		16.50	16.53
Dijon	D	16.54		18.13	17.17		19.18
Mâcon	D	18.00			19.06		
Lyon-Perrache	A				20.26		
Lyon-Perrache	D	18.43	19.01	19.47		20.41	20.54
Vienne	A		19.33				
Valence	A	19.38	20.38	20.41		21.34	21.49
Montélimar	A			21.06			22.14
Orange	A			21.33			22.46
Avignon	A	20.39		21.49		22.32	23.05
Arles	A	20.59		22.09			
Marseille St-Charles	A	21.44		22.54		23.31	

Notes :

6. Circule tous les jours. Autorail.

8. Circule tous les jours. Corail.

21. Circule les 5 juin, 10 juillet et 14 août.

22. Circule tous les jours sauf samedis et sauf les 7 juin, 12 et 13 juillet.
"Le Rhôdanien" à supplément. Corail.

23. Circule seulement les vendredis.

STRUCTURES

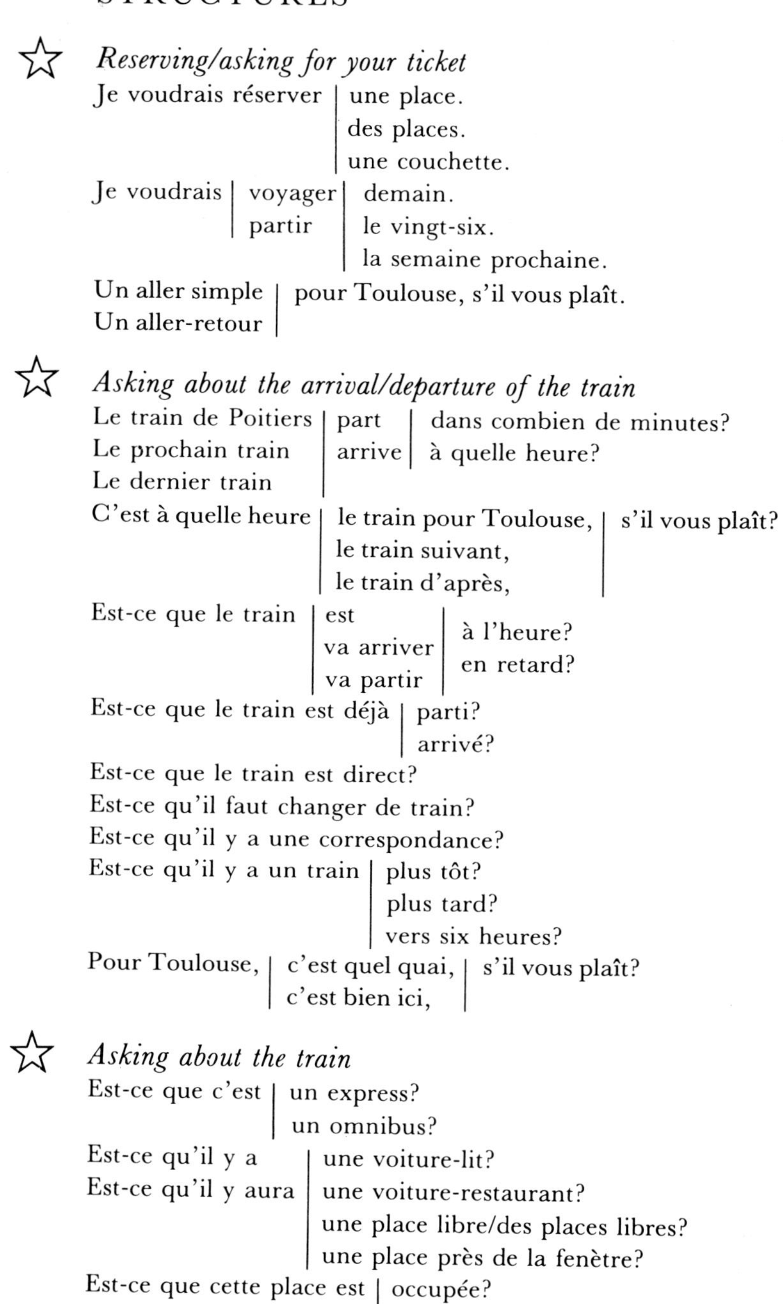

☆ *Reserving/asking for your ticket*

Je voudrais réserver	une place.
	des places.
	une couchette.

Je voudrais	voyager	demain.
	partir	le vingt-six.
		la semaine prochaine.

Un aller simple	pour Toulouse, s'il vous plaît.
Un aller-retour	

☆ *Asking about the arrival/departure of the train*

Le train de Poitiers	part	dans combien de minutes?
Le prochain train	arrive	à quelle heure?
Le dernier train		

C'est à quelle heure	le train pour Toulouse,	s'il vous plaît?
	le train suivant,	
	le train d'après,	

Est-ce que le train	est	à l'heure?
	va arriver	en retard?
	va partir	

Est-ce que le train est déjà	parti?
	arrivé?

Est-ce que le train est direct?

Est-ce qu'il faut changer de train?

Est-ce qu'il y a une correspondance?

Est-ce qu'il y a un train	plus tôt?
	plus tard?
	vers six heures?

Pour Toulouse,	c'est quel quai,	s'il vous plaît?
	c'est bien ici,	

☆ *Asking about the train*

Est-ce que c'est	un express?
	un omnibus?

Est-ce qu'il y a	une voiture-lit?
Est-ce qu'il y aura	une voiture-restaurant?
	une place libre/des places libres?
	une place près de la fenètre?

Est-ce que cette place est	occupée?
	libre?

Exercise 3 This summer your teacher will be travelling by train from Le Puy to Paris.

1 Find out as much as you can about the journey by asking questions in French.
2 Write up, in English or French, what you have found out.

Type					
Train No.	**7871/85**	**7890**	**7935**	**7876**	**7878/9**
Date(s) of Operation	**Daily**	**Daily**	**Daily**	**Daily**	**Daily**
Class	1–2	1–2	1–2	1–2	1–2
Catering					
Notes	**A**		**C**		
Le Puy .... **dep.**	06 42	10 10	12 53	16 22	21 35
St. Georges d'Aurac .... **arr.**		11 05		17 17	22 30
Type				COR	
Train No.		**5954**		**5958/9**	**5924**
Date(s) of Operation		**Daily**		**Daily**	**Daily**
Class		1–2		1–2	1–2
Catering				⊗ Ⓡ 🍷	
Notes				**D**	
St. Georges d'Aurac .... **dep.**		11 15		17 23	22 36
Clermont-Ferrand .... **arr.**		12 35		18 47	00 02
Type		COR			
Train No.		**192**			
Date(s) of Operation		**Daily**			
Class		1–2			
Catering		⊗ Ⓡ 🍷			
Notes		**B**			
Clermont-Ferrand .... **dep.**		13 02		13 20	00 32
Vichy .... **dep.**		13 38		19 56	01 16
Paris (Lyon) .... **arr.**	*13 35*	16 57	*19 54*	23 15	
Paris (Austerlitz) .... **arr.**	.....	.....	.....	.....	07 02

A—Change at Lyon (Perrache), arr. 09 00; dep. 09 25—Tr. 5014. **B**—"LE THERMAL". **C**—Change at Lyon (Perrache) arr. 15 11; dep. 15 40—Tr. 5048. **D**—"LE CEVENOL".

VOCABULARY

l'entrée	
la gare	*the station*
la station de taxis	*the taxi rank*
un passage souterrain	*a pedestrian subway*
une voiture couchette	*a carriage of compartments with fold-down bunks*
une voiture gril-express	*a snack-bar (on a train)*
un couloir	*a corridor*
le bureau de renseignements	*the information bureau*
un express	*a fast train*
un rapide	*an express*
un omnibus	*a stopper, a stopping train*
un train direct	*a through train*
une correspondance	*a connection*
arriver	*to arrive*
partir	*to leave*
à l'heure	*on time*
en retard	*late*
en avance tôt	*early*
le guichet	*the booking office window*
en première/seconde	*first/second class*
un changement d'horaire	*a time-table change*
un compartiment non-fumeur	*a non-smoking compartment*

réserver une place	*to book a seat*
louer	
acheter un billet simple	*to buy a single ticket*
acheter un aller-retour seconde	*to buy a second-class return*
un ticket	*a ticket (for buses and metro)*

Si vous avez manqué/raté (*missed*) le train, vous pouvez:

attendre le prochain dans la salle d'attente *wait for the next one in the waiting room*
acheter un magazine au kiosque *buy a magazine at the newspaper stall*
aller manger dans le buffet *go and eat in the refreshment room*
consulter l'horaire/l'indicateur *consult the time-table*
prendre le prochain *catch the next one*
mettre vos bagages à la consigne *put your luggage in the left luggage office*

changer de train *to change trains*
s'installer *to take one's seat*
composter un billet *to get a ticket stamped by a machine*
enregistrer les bagages *to register luggage*
un train à destination de Nîmes *a train going to Nîmes*
un train en provenance de Nîmes *a train coming from Nîmes*

Bus and coach travel

un car	*a coach*
un autobus	*a bus*
un arrêt d'autobus	*a bus stop*
une gare routière	*a bus, coach station*

la sortie 

Air and sea travel

un avion	*an aeroplane*	un bateau	*a boat*
un aéroport	*an airport*	un ferry	*a ferry*
un vol	*a flight*	un aéroglisseur	*a hovercraft*
une hôtesse de l'air	*an air hostess*	un hovercraft	*a hovercraft*
décoller	*to take off*	embarquer	*to go on board*
atterrir	*to land*	débarquer	*to disembark*
la douane	*the customs*		
un passeport	*a passport*		

Exercise 4 Quel est le mot qui ne va pas avec les autres? Vous trouverez peut-être plus d'une possibilité. Discutez-les.

1 un chariot des bagages la consigne le guichet
2 un contrôleur un quai un chef de train un porteur
3 une voiture-lit un gril-express un buffet un compartiment
4 un billet un contrôleur un guichet un indicateur
5 un express un omnibus une correspondance une rapide
6 à l'heure direct en retard tôt

Exercise 5 Below are some signs which you may see at French railway stations:

GRANDES LIGNES
CONSIGNE
ACCES AUX QUAIS
DEPART
SOUTERRAIN
BUREAU DE RENSEIGNEMENTS
HORAIRE
SALLE D'ATTENTE
PASSAGE INTERDIT

Which sign would you follow if you wanted to
1 Find out about rail connections?
2 Find out the departure time of your train?
3 Cross to another platform?
4 Leave your luggage for a few hours?
5 Wait for an hour for your train?
6 Go to catch your train?

Exercise 6 *Exemple*: C'est là qu'on achète les billets. Qu'est-ce que c'est?
C'est le guichet.
1 C'est là qu'on attend le train.
2 C'est là qu'on prend un café en attendant le train.
3 C'est là qu'on se renseigne sur les heures des trains.
4 C'est là qu'on laisse ses bagages.
5 C'est là qu'on achète un journal.
6 C'est là qu'on prend un taxi.
7 C'est là qu'on traverse la voie.
8 C'est là qu'on prend le petit déjeuner dans le train.
9 C'est là qu'on monte dans le train.
10 C'est là qu'on réserve une place.

Reading starts here

A
1 Un aller-retour pour Rouen, s'il vous plaît.
2 Merci, m______. À quelle heure part le train pour Rouen?
3 Est-ce qu'il y a un train plus tôt?
4 Est-ce que le train est direct?
5 Est-ce qu'il y a une correspondance?
6 S'il vous plaît, monsieur, où est la salle d'attente?
7 Merci, monsieur.

B
1 Check you have heard what she asked for. Give her the ticket and ask for 28F50.
2 Say the train leaves at ten minutes past two, in half an hour.
3 Say no.
4 Say no, one has to change trains at Lisieux.
5 Say yes, at half past three.
6 Say that there is, on the left.
7 Say 'Don't mention it'.

Role~play starts here

A
1 Ask for a return ticket to Rouen.
2 Thank the man. Ask what time the train for Rouen leaves.
3 Ask if there is an earlier train.
4 Ask if it is a through train.
5 Ask if there is a connection.
6 Ask where the waiting-room is.
7 Thank the man.

B
1 Un aller-retour pour Rouen. Voilà, m______. 28F50.
2 Le train part à 2 heures 10. Dans une demi-heure.
3 Non, m______.
4 Non, m______. Il faut changer de train à Lisieux.
5 Oui, m______. A trois heures et demie.
6 La voilà, à gauche.
7 Je vous en prie.

Reading starts here

A

1 Bonjour, m______, est-ce qu'il y a un train pour Marseilles, samedi prochain?
2 À quelle heure part le train, s'il vous plaît?
3 7 h.30, c'est trop tôt. Je voudrais réserver une place dans le train de 21 heures.
4 Un aller simple.
5 ______ ______.
6 Non, merci. Je voudrais une place près de la fenêtre.
7 Merci, m______.

B

1 Confirm the day and say 'Yes, there is an express train'.
2 Say there is a train at 7.30 and a train at 9 o'clock in the evening.
3 Ask if he/she wants a single or a return ticket.
4 Confirm that it is a single ticket for next Saturday. Ask what his/her name is.
5 Ask if he/she wants a couchette.
6 Hand over the ticket and ask for 140 francs.

Role-play starts here

A

1 Say hello and ask if there is a train to Marseilles next Saturday.
2 Ask what time the train leaves.
3 Say 7.30 is too early and that you would like to reserve a seat on the train at 9 o'clock in the evening.
4 Say 'a single ticket'.
5 Give your name.
6 Say 'No, thank you' and that you would like a seat near the window.
7 Thank the man.

B

1 Samedi prochain, oui, il y a un express.
2 Il y a un train à 7 h 30 et un train à 21 h.
3 Vous voulez un aller simple ou un aller-retour?
4 Voilà. Je vous réserve un aller simple pour samedi prochain. Quel est votre nom?
5 Vous voulez une couchette?
6 Voilà. Cent quarante francs.

6 Accident de la route
Cas d'urgence

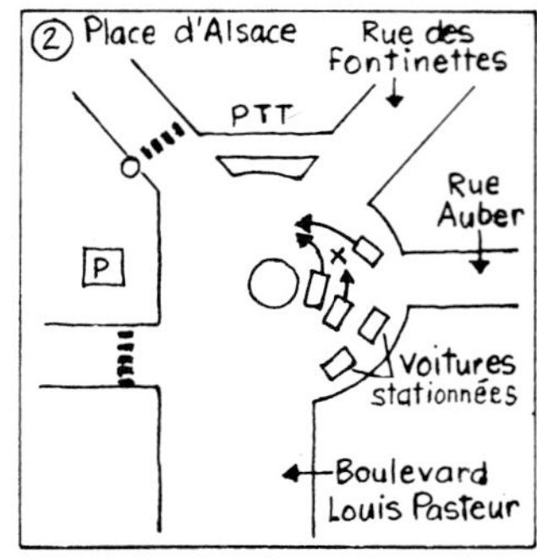

You had better practise what is in this chapter, but we hope you will not need it! Here are a few pointers if you do have a road accident in France:

DON'T
- argue or become aggressive.
- admit any fault.

DO
- Make some detailed notes of the accident, preferably with a plan showing the position of the vehicles.
- Get the names and addresses of any witnesses (*le nom et l'adresse des témoins*).
- Write down the name and address of anyone involved in the accident.
- Get the name and address of the insurance company (*la compagnie d'assurance*) and the number of the insurance certificate (*l'attestation d'assurance*), of the driving licence (*le permis de conduire*) of the other driver(s).
- Note the registration number (*l'immatriculation*) and make (*marque*) of the vehicle(s).
- Telephone *Police-Secours* (Dial 17) if anyone is hurt.

DIALOGUE: DANS LA RUE

Robert et Susanne sont en vacances en France. Ils voyagent en moto. En traversant Arles ils ont un accident.

AGENT Alors, jeune homme, qu'est-ce qui s'est passé?

ROBERT Bon, il y a eu un accident. Je roulais vers le Boulevard des Lices. Soudain, une voiture est sortie du boulevard Alphonse Daudet, là, à droite. J'ai freiné, la moto a dérapé et j'ai tamponné la voiture là. Je n'ai pas pu m'arrêter.

AGENT Vous êtes seul?

ROBERT Non. Ma copine est dans la maison en face. Elle est légèrement blessée à la jambe.

AGENT Et la voiture qui est sortie du boulevard Alphonse Daudet, elle est où?

ROBERT Mais je ne sais pas. Le conducteur ne s'est pas arrêté. Je ne sais pas s'il se rend compte de ce qui est arrivé.

AGENT Vous avez noté l'immatriculation?

ROBERT Non. C'était une Renault rouge, une dix-huit. C'est tout ce que je sais.

AGENT Bon, quand même. Il faut faire un constat. Vous avez votre permis de conduire et votre attestation d'assurance?

ROBERT Oui, les voilà.

AGENT Bon. Robert Goldthorpe. C'est une adresse en Angleterre. Merci.

ROBERT J'ai des formulaires dans mon sac. Je ne sais pas trop exactement ce qu'il faut faire avec.

AGENT Eh bien, il faut noter l'heure et le lieu de l'accident, et les circonstances. Allez chercher les formulaires. Je vais vous aider.
Puis, allons voir si votre copine s'est remise de sa chute.

STRUCTURES

Questions

Qu'est ce qui	s'est passé?
Comment ça	est arrivé?

Réponses

J'ai eu	un accident.
Il y a eu	

Quelqu'un	s'est fait renverser.
La dame	

Ça s'est passé	en quelques secondes.
	très vite.

Il y a quelqu'un de blessé? Il y a eu trois blessés.

Mon copain	est	légèrement	blessé(e)	à la jambe.
Ma copine		gravement		au bras.

Ma copine a mal au bras.

Mon bras	me fait mal.
Mon dos	

Je ne me sens pas bien.

Je me sens mieux.

Ce n'est pas grave.

Vous avez noté	l'immatriculation	de la voiture?
Vous savez	la marque	

Voulez-vous	aller chercher de l'aspirine et un peu d'eau?
	envoyer chercher un médecin?
	appeler la police-secours?
	m'aider à faire un constat?

Je peux	voir votre permis de conduire?
	avoir votre nom et votre adresse?

VOCABULARY

(*For words for the parts of vehicles, see Chapter 7*)

Vehicles

un poids lourd *a truck*
un camion *a lorry*
une camionnette *a van*
une auto/voiture *a car*
une moto *a motorbike*
un scooter *a scooter*
un vélo *a bicycle*
un vélomoteur *a motorbike (50 to 125 cc.)*
un cyclomoteur *a bicycle with engine of less than 50 cc.*
un car *a coach*
un autobus *a bus*
une ambulance *an ambulance*

People

un automobiliste *a motorist*
un conducteur/chauffeur *a driver*
un piéton *a pedestrian*
un témoin *a witness*
un motocycliste *a motorcyclist*
un agent } *a policeman*
un gendarme }

Insurance

faire un constat *to make out a report*

une attestation	d'assurance	*an insurance*	*certificate*
une compagnie			*company*

une pièce d'identité *proof of identity*

Useful verbs

filer/rouler/circuler *to drive along*
démarrer *to start the car, move off*
reculer *to back*
freiner *to brake*
(s')arrêter *to stop*
s'approcher (de) *to approach*
accélérer *to accelerate*
ralentir *to slow down*
conduire *to drive*
dépasser/doubler *to overtake*

la vitesse limite *the speed limit*
un virage *a bend*
un passage | piéton *a pedestrian crossing* | à niveau *a level crossing*
un casque *a crash helmet*
priorité à droite *priority to traffic coming from the right*
une déviation *deviation*
le trottoir *the pavement*

garer/stationner *to park*
déraper *to skid*
marcher/fonctionner *to work (of machine)*
signaler *to signal*
tamponner *to collide with*
renverser *to knock over*
continuer son chemin *to continue one's way*
casser/se casser *to break*
changer de | file | couloir *to change lane*
brûler les feux *to "jump" the traffic lights*
les feux | le feu rouge *the traffic lights*
l'heure | de pointe | d'affluence *the rush hour*
un embouteillage *a traffic jam*
la police-secours *the police accident service*
la chaussée *the road*
le code de la route *the Highway Code*

Exercise 1 Il y a quelqu'un de blessé?

Exemple: Mon dos me fait mal. J'ai mal au dos.

1 Mon bras me fait mal.
2 Ma jambe droite me fait mal.
3 Ma cheville gauche me fait mal.
4 Mes genoux me font mal.
5 Ma tête me fait mal.
6 Ma cuisse gauche me fait mal.
7 Mon estomac me fait mal.
8 Mon épaule me fait mal.

Exercise 2 Match up a sentence from A with a sentence from B so that the sentences express similar or related ideas.

A

1 Mon dos me fait mal.
2 Elle est légèrement blessée.
3 Ça s'est passé en un clin d'oeil.
4 Il y a eu un accident.
5 Qu'est-ce qui s'est passé?
6 Il se sent beaucoup mieux.
7 Il filait trop vite.
8 Il est gravement blessé.

B

1 Il s'est remis de son accident.
2 Ça est arrivé très vite.
3 Je ne me sens pas bien.
4 Il s'est cassé la cheville.
5 Ce n'est pas grave.
6 Quelqu'un s'est fait renversé.
7 Il n'a pas pu s'arrêter.
8 Qu'est-ce qui est arrivé?

Exercise 3 Comment ça s'est passé?

Below are four diagrams of different accidents. Describe what happened in each one as fully as you can. Imagine that you were a witness of the first two accidents and that you were involved in the other two.

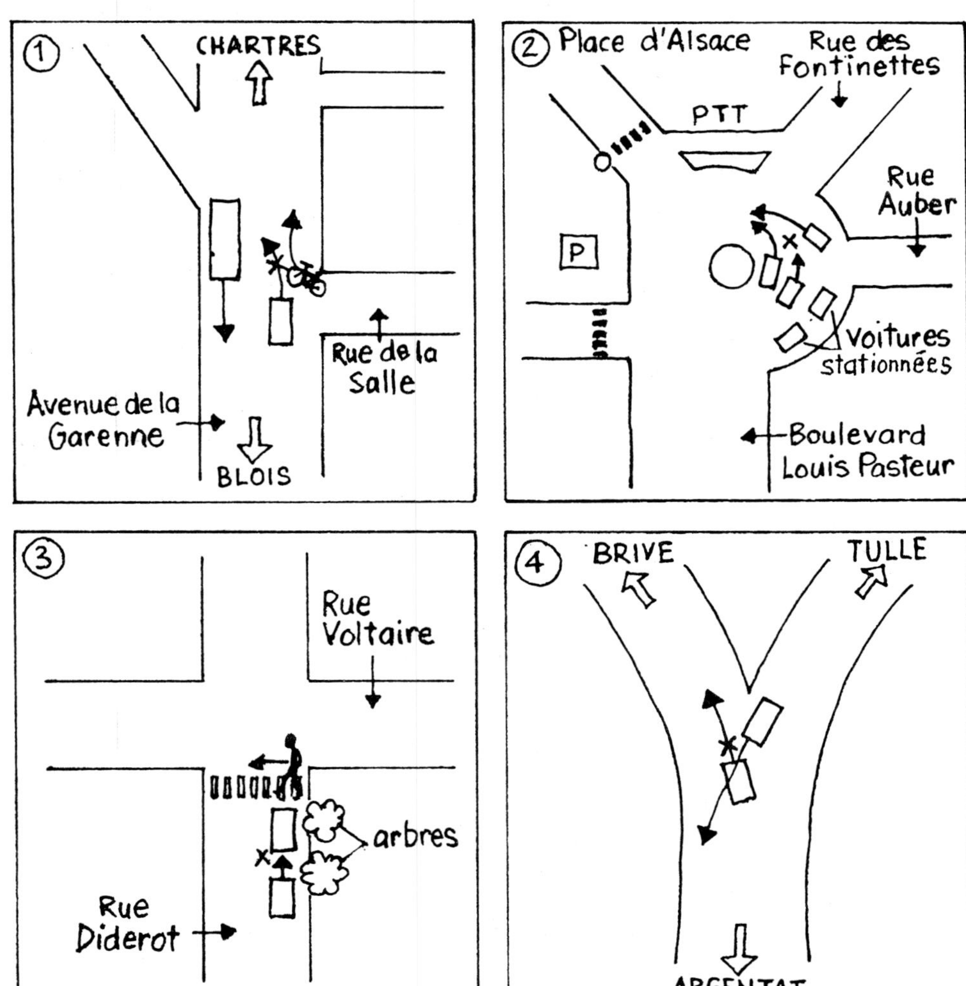

Role-play starts here

A

1 Ask what has happened.
2 Ask if anyone is hurt.
3 Ask if the '*police-secours*' have been called.
4 Ask if your partner was a witness to the accident.
5 Ask if your partner will help you to make out a report of the accident.
6 Ask if you can have your partner's name and address.

B

1 Il y a eu un accident.
2 Oui, je crois. La moto a dérapé. La passagère est blessée à la jambe.
3 Oui.
4 Oui. La moto roulait vers le feu rouge. Un chien a sauté devant la moto. Le motocycliste a freiné mais il n'a pas pu s'arrêter.
5 Bien sûr.
6 Je m'appelle . . . Je n'ai pas d'adresse en France. Je fais du tourisme.

Reading starts here

A

1 Qu'est-ce qui s'est passé?
2 Il y a quelqu'un de blessé?
3 On a appelé la police-secours?
4 Vous avez été témoin de l'accident?
5 Voulez-vous nous aider à faire un constat?
6 Je peux avoir votre nom et votre adresse?

B

1 Say there's been an accident.
2 Say that you think so. The motorbike skidded and that the pillion rider has hurt her leg.
3 Say 'Yes'.
4 Say 'Yes. The bike was going towards the traffic lights, a dog jumped out in front of it, the motorcyclist braked but he could not stop'.
5 Say 'Of course'.
6 Give your name. Say that you haven't an address in France. Say you are touring.

Reading starts here

A

1 Vous êtes blessé(e)?
2 Eh bien, restez là. Ne bougez plus. Comment ça est arrivé?
3 Vous avez noté la marque de la voiture?
4 Bon. Je peux voir votre permis de conduire et votre attestation d'assurance?
5 Pour le moment, ce n'est pas nécessaire. Vous êtes seul(e)?

B

1 Say that your arm hurts and that you've got a headache but that it's not serious.
2 Say that a car came out in front of you and that it was all over in a few seconds.
3 Say 'Yes', that it was a Fiat, you think a 128. Say that you didn't note the registration number.
4 Say 'Yes, here they are'. Say that you have some report forms in the car and that you will go and get them.
5 Say 'Yes' and that your friend Claudette stayed at home today and that it was just as well.

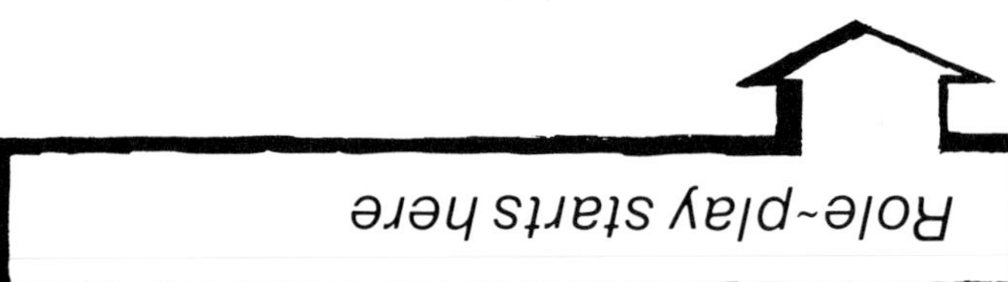

A

1 Ask if your partner is hurt.
2 Say 'Stay there and don't move'. Ask how it happened.
3 Ask if your partner noted the make of car.
4 Say 'Good' and ask if you can see your partner's driving licence and insurance certificate.
5 Say that it isn't necessary for the moment. Ask if your partner is alone.

B

1 Mon bras me fait mal et j'ai aussi mal à la tête mais ce n'est pas grave.
2 Une voiture est sortie devant moi. Ça s'est passé en quelques secondes.
3 Oui. C'était une Fiat, une 128 je crois. Je n'ai pas noté l'immatriculation.
4 Oui, les voilà. J'ai des formulaires dans la voiture. Je vais les chercher.
5 Oui, Ma copine Claudette est restée chez elle aujourd'hui. Tant mieux, hein?

EN CAS D'URGENCE

Even if you are in France for only a short time, you may need a doctor or a dentist. Road accidents are not the only accidents that can happen. Remember that in France there is no National Health Service. You will be charged for treatment and medicines by the doctor, dentist or chemist. You can reclaim about 75% of the medical or dental fees and about 70% of the cost of most prescribed medicines.

STRUCTURES

Qu'est-ce que vous avez?

J'ai mal	au dos.
	au coeur.
	à la tête.
	à la gorge.
	à l'estomac/au ventre.
	aux yeux/à l'oeil.
	aux dents.

Je me suis foulé	la cheville.
	le poignet.

Je me suis	blessé	le bras.
	cassé	
	brûlé	

Je me suis fait mal	au doigt.
	à la jambe.

Je me suis fait	piquer.
	brûler.

J'ai	la grippe.
	la nausée.
	la diarrhée.
	le vertige.
	de la température.
	de la fièvre.

Je suis	enrhumé.
	malade.

Je me sens	malade.
	fatigué.
	mieux.

Je ne me sens pas	bien.
Je ne dors pas	comme il faut.

Et depuis quand?

Depuis	deux jours.
	24 heures.
	hier soir.

À partir de	vendredi.
	midi.

Ça a commencé	il y a	deux jours.
Ça est arrivé		trois heures.

Que faire?

Il faut	vous reposer.
	vous coucher.

Vous devez	garder le lit.
	rester à l'intérieur.
	envoyer chercher le médecin.

Ne vous inquiétez pas.

Ce n'est pas	grave.
	dangereux.

C'est (tout à fait) normal.

VOCABULARY

une douleur aiguë	*a sharp pain*	un pansement	*a dressing*
un coup de soleil	*sun stroke*	une bande	*a bandage*
une pilule	*a pill*	du sparadrap	*sticking plaster*
un comprimé	*a tablet*	un tube	*a tube*
de l'aspirine	*aspirin*	un médicament	*medicine*
un cachet	*a capsule*	une ordonnance	*a prescription*
de la crème	*some cream*	une cuillerée	*a spoonful*
des pastilles (f)	*lozenges*	une guêpe	*a wasp*
		une abeille	*a bee*

Exercise 1 *Exemple*: Tu viens d'acheter des comprimés d'aspirine. Qu'est-ce que tu as?
J'ai mal à la tête.

1 Tu viens d'acheter des pastilles. Qu'est-ce que tu as?
2 Tu viens d'acheter un pansement. Qu'est-ce que tu as?
3 Tu viens d'acheter du sparadrap. Qu'est-ce que tu as?
4 Tu viens d'acheter de la crème solaire. Qu'est-ce que tu as?
5 Tu viens de vomir. Qu'est-ce que tu as?
6 Tu viens de passer une demi-heure dans les toilettes. Qu'est-ce que tu as?

Exercise 2 C'est vous le médecin. Qu'est-ce que vous conseillez?
Exemple: **Michel**: J'ai la grippe.
Vous: Vous devez garder le lit.

1 **Monique**: J'ai mal à la gorge.
2 **Pierre**: J'ai un coup de soleil.
3 **Annick**: Je me sens très fatiguée.
4 **Jean**: J'ai mal à la tête.
5 **Frédéric**: Je me suis brûlé le bras.
6 **Anne-Marie**: Je me suis fait piquer par une guêpe.
7 **Avril**: Je me suis foulé la cheville.
8 **Marc**: J'ai la diarrhée.
9 **Thierry**: Je me sens beaucoup mieux.

Reading starts here

A

1 Bonjour, m______. Asseyez-vous. Qu'est-ce que vous avez?
2 Vous avez la nausée?
3 Ah, bon. Depuis quand?
4 Permettez-moi de vous examiner______. Oui, vous avez de la fièvre. C'est peut-être la grippe.
5 Non, non. Je vais vous donner une ordonnance. Vous devez garder le lit jusqu'à mercredi/jeudi.
6 Au revoir, m______.

B

1 Say you feel ill, you are very tired and you are not sleeping properly.
2 Say no but that you feel dizzy from time to time.
3 Say 'Two days. It started on Friday evening'.
4 Ask what you should do and if it is serious.
5 Thank your partner and say goodbye.

Role~play starts here

A

1 Say hello, ask your partner to sit down and ask what is the matter.
2 Ask if your partner feels sick.
3 Ask since when.
4 Ask if you can examine your partner. Tell your partner that he/she is feverish and may have the flu.
5 Say no and that you are going to give your partner a prescription and that he/she should stay in bed until Wednesday or Thursday.
6 Say goodbye.

B

1 Je me sens malade. Je suis très fatigué. Je ne dors pas comme il faut.
2 Non, m______. Mais de temps en temps, j'ai le vertige.
3 Depuis deux jours. Ça a commencé vendredi soir.
4 Qu'est-ce qu'il faut faire? C'est grave?
5 Merci, m______. Au revoir.

7 À la station-service Au garage

As in Britain, in France too there are more and more self-service stations where you can get petrol and pay for it with a minimum of conversation. However, in small towns and in the country, the chances are that you will have to ask for what you want.

DIALOGUE A: A LA STATION-SERVICE

POMPISTE Bonjour, monsieur. Essence ou super?

CONDUCTEUR Super. Trente litres, s'il vous plaît. . . . Ah, non. Demain, c'est dimanche. Beaucoup de stations seront fermées. Oui, excusez-moi. Faites le plein, s'il vous plaît.

. . . .

POMPISTE C'est tout?

CONDUCTEUR Voulez-vous vérifier le niveau d'eau dans la batterie, s'il vous plaît. Il a fait si chaud ces derniers jours.

POMPISTE Voilà, monsieur. Je l'ai renivelée. Ça fait 171F.40.

CONDUCTEUR Vous avez une petite bouteille d'eau pour la batterie?

POMPISTE Oui, attendez. Je vais vous la chercher . . . Voilà. Alors, ça fait 175F.

CONDUCTEUR Voilà 175F, madame. Merci.

POMPISTE Merci, monsieur. Bon voyage.

DIALOGUE B: COUP DE TÉLÉPHONE AU GARAGE

TOURISTE Allô. C'est le Garage Haute Provence?

GARAGISTE Oui.

TOURISTE Ma voiture est en panne. Est-ce que vous pouvez envoyer quelqu'un?

GARAGISTE C'est quelle marque de voiture?

TOURISTE C'est une Renault. Je vous ai téléphoné exprès.

GARAGISTE Elle est où, la voiture?

TOURISTE Elle est place Charles de Gaulle, à Digne même, en face du commissariat de police. Vous pouvez venir?

GARAGISTE Vous avez eu un accident?

TOURISTE Mais non. Il y a quelque chose de coincé. Le levier de changement de vitesse ne fonctionne plus. Je ne sais que faire.

GARAGISTE Bon. Attendez là. J'envoie le camion de dépannage. Il sera là dans dix minutes.

TOURISTE Merci, monsieur. Je vous attends.

STRUCTURES

Voulez-vous	regarder ma voiture vérifier la pression des pneus,	s'il vous plaît?

Vous pouvez	réparer ma moto? remplacer le pare-brise? conduire ma voiture à un garage?

Il y a quelque chose de	coincé. cassé.	L'accélérateur Le feu arrière	ne fonctionne plus.

(Mettez-moi) 30 litres	de super, d'essence,	s'il vous plaît.

Je fais plus de 15/13 litres aux cent.
(*I use more than 15/13 litres to do 100 kilometers.*)

Je dépense trop	d' essence. d' huile.

VOCABULARY (see also Chapter 6)

Une moto

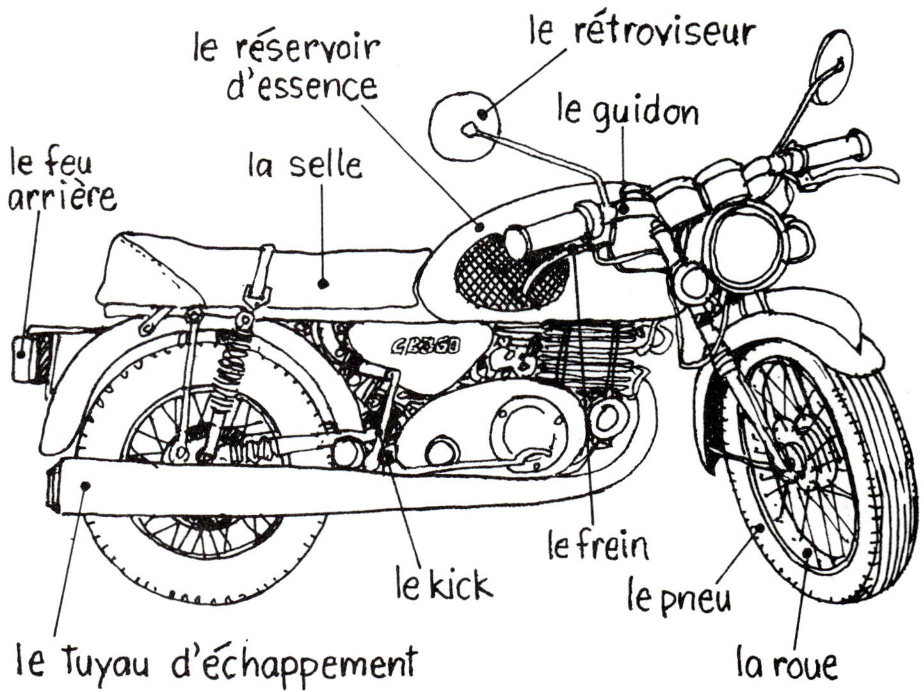

Une auto

le moteur	*the engine*
le levier de changement de vitesse	*the gear lever*
l'accélérateur	*the accelerator*
l'embrayage	*the clutch*

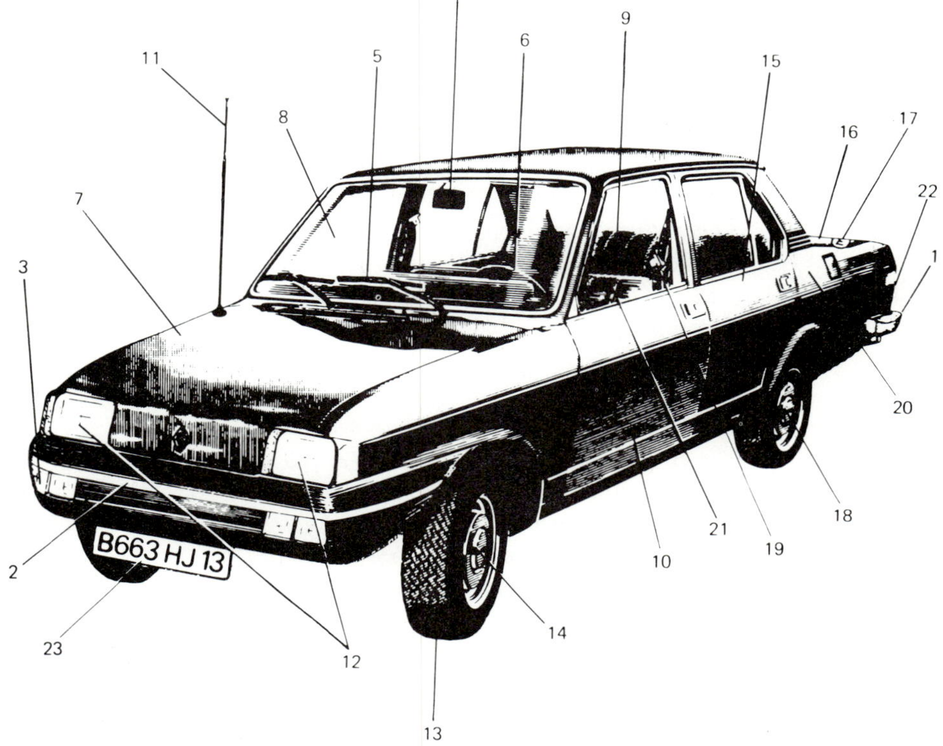

1. le pare-chocs arrière
2. le pare-chocs avant
3. un clignotant
4. le rétroviseur
5. les essuie-glaces
6. le volant
7. le capot
8. le pare-brise
9. le siège arrière
10. une porte avant
11. l'antenne de radio
12. les phares
13. un pneu
14. une roue avant
15. une porte arrière
16. le coffre
17. la plaque de nationalité
18. une roue arrière
19. une ceinture de sécurité
20. une aile arrière
21. le siège avant
22. un feu arrière
23. la plaque d'immatriculation

MEASURES

Litres	1	5	10	30	40
Gallons	0.22	1.1	2.2	6.6	8.8
Kilometers	1,6	8	16,1	96,5	128,7
Miles	1	5	10	60	80
Kg./c.c.	1,6	1,7	1,85	2,00	
Lbs/sq.in.	22	24	26	28	

VOCABULARY

People

le garagiste	*the garage man*
le mécanicien	*the mechanic*
le pompiste	*the forecourt attendant*

Parts of the car

une bougie	*a spark plug*
la batterie	*the battery*
le cric	*the jack*
la roue de secours	*the spare wheel*

When things go wrong

une crevaison	*a puncture*
coincé	*jammed, stuck*
endommagé	*damaged*
réparer	*to repair*
remplacer	*to replace*
tomber en panne	*to break down*
être en panne	*to be broken down*
être en panne sèche	*to be out of petrol*
une fuite d'essence	*a petrol leak*
une pièce de rechange	*a spare part*
le camion de dépannage	*the breakdown truck*

Services

faire le plein	*to fill up*
faire la vidange	*to change the oil*
faire le graissage	*to lubricate*
vérifier la pression des pneus	*to check the tyres*
vérifier le niveau d'huile	*to check the oil*
recharger la batterie	*to recharge the battery*
reniveler la batterie	*to top up the battery*
dépanner	*to repair after breakdown*

If you do not know the correct word, you can often get by if you point to the thing and call it '*ce machin*' which means 'that thingummy' or 'that whatsit'.

Exercise 1 Questions à poser

What would you say to the garage man if you wanted him to deal with the faults below?

1 Le pare-brise est cassé.
2 Vous êtes en panne sèche.
3 Les freins ne fonctionnent plus.
4 Votre voiture ne démarre pas facilement.
5 L'huile est noire et en mauvais état.
6 Le moteur manque d'huile.
7 La batterie ne fonctionne plus.
8 Vous avez une crevaison.

Exercise 2 Complete these sentences with an appropriate word.

1 . . . . . . ne fonctionne plus. Je n'ai pas pu signaler.
2 . . . . . . ne fonctionne plus. Je n'ai pas pu accélérer.
3 . . . . . . ne fonctionnent plus. Je n'ai pas pu m'arrêter.
4 . . . . . . ne fonctionne plus. Je n'ai pas pu changer de vitesse.
5 . . . . . . ne fonctionne plus. Je n'ai pas pu changer de direction.
6 . . . . . . ne fonctionne plus. Je n'ai pas pu klaxonner.
7 . . . . . . ne fonctionne plus. Je n'ai pas pu démarrer.

Exercise 3 Quel est le mot qui ne va pas avec les autres? Vous trouverez peut-être plus d'une possibilité. Discutez-les.

1 le capot le coffre l'embrayage le pare-chocs
2 le rétroviseur le frein le tuyau d'échappement le kick
3 le clignotant l'essuie-glace le volant le rétroviseur
4 la roue le cric le pneu la ceinture de sécurité
5 le levier de changement de vitesse coincé le camion de dépannage une pièce de rechange
6 ralentir reniveler recharger remplacer

Exercise 4 Using the example given as a model, make up the conversations that would take place between you and the garage at Maringues if you had broken down at the places indicated on the map. The make of your car is indicated and the time you will have to wait is given.

— Allô, c'est le Garage Central? Je suis en panne. Pouvez-vous envoyer un mécanicien?
— Où êtes-vous?
— Sur la D 12, entre Thuret et Pagnant.
— Quelle est la marque de votre voiture?
— C'est une Renault.
— Bon, attendez-là. On sera là dans une demi-heure.

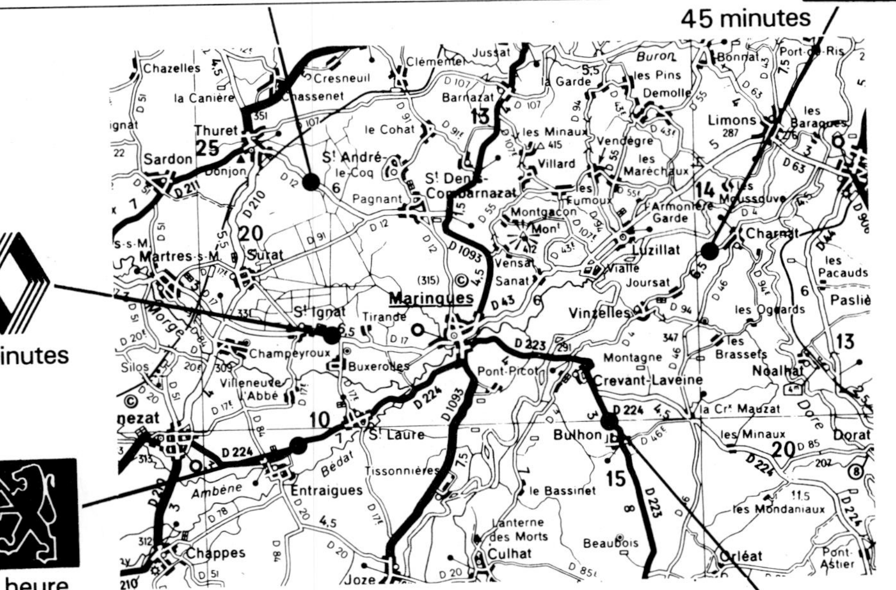

Reading starts here

A
1 Bonjour, m______. Vous désirez?
2 C'est beaucoup. Pas de problème avec le démarrage?
3 Bon. Laissez le scooter là. Je vais m'en occuper. Donnez-moi un coup de téléphone demain matin.
4 Ah, oui. J'ai trouvé une fuite d'essence. C'est réparé.
5 300F.

B
1 Ask if your partner will look at your scooter. Say that you are using too much petrol, that you are using more than 9 litres to do 100 kilometers.
2 Say that starting is a bit difficult in the mornings.
3 Say 'Right' and thank your partner . . . Say hello, say who you are and that you left your scooter at the garage yesterday.
4 Ask how much it is.
5 Say that you are coming round straight away.

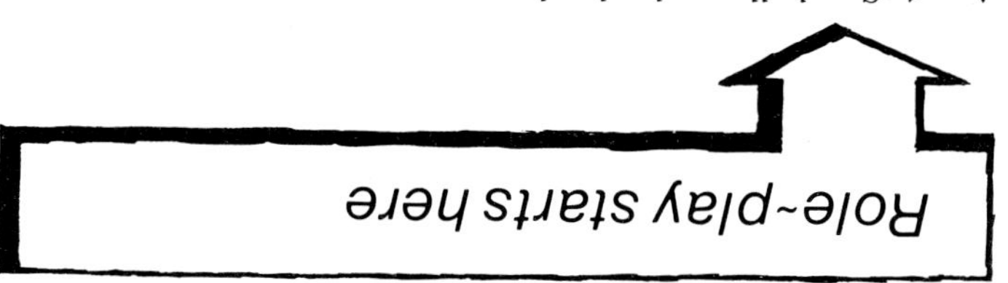

A
1 Say hello and ask what your partner wants.
2 Say that it's a lot. Ask if there are any problems with starting.
3 Ask your partner to leave the scooter with you and say that you will see to it. Ask him/her to give you a ring tomorrow morning.
4 Say that you found a petrol leak and that it is repaired.
5 Say '300F'.

B
1 Voulez-vous regarder mon scooter. Je dépense trop d'essence. Je fais plus de 9 litres aux cent.
2 Le démarrage est un peu difficile le matin.
3 D'accord. Merci, m______. . . . Allô. Ici, c'est . . . J'ai laissé mon scooter au garage hier.
4 C'est combien?
5 Bon, je viens tout de suite.

Reading starts here

A

1 Bonjour, m______. Vous avez eu un accident?
2 Je regrette. Il faut aller en ville. Il y a un garage tout près de la mairie.
3 Voilà, m______. C'est tout?
4 Voilà. Ça fait 160F. Vous voulez téléphoner au garage?
5 Il y a un téléphone dans la station-service. Demandez à la jeune fille.

B

1 Say 'No', that you found the car like that in the car park.
2 Ask for 150F worth of petrol.
3 Ask your partner to check the oil.
4 Say 'What a good idea! That's very kind'.

Role-play starts here

A

1 Say hello and ask your partner if he/she has had an accident.
2 Say that you are sorry and that your partner will have to go into town and that there is a garage close by the town hall.
3 Say 'There you are. Is that all?'
4 Say 'There you are. That's 160F.' Ask if your partner wants to telephone the garage.
5 Say that there is a telephone in the service-station and tell your partner to ask the girl.

B

1 Non, m______. J'ai trouvé la voiture comme ça dans le parking.
2 Bon. Mettez-moi 150F de super, s'il vous plaît.
3 Voulez-vous vérifier le niveau d'huile?
4 Bonne idée. C'est très gentil.

8 Au commissariat

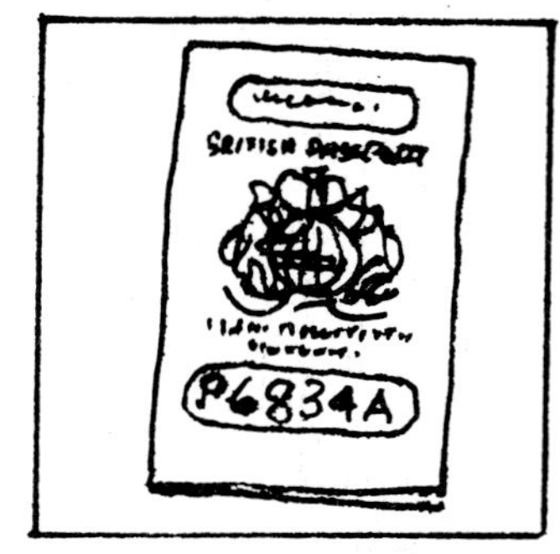

With luck, the only time you should need to go to the *commissariat* will be if you have lost something valuable. If there is a *Bureau des Objets Trouvés* in the town, you may well find your lost property there.

DIALOGUE: PASSEPORT PERDU

JULIE Bonjour, monsieur l'agent.

AGENT Bonjour, mademoiselle. Que puis-je faire pour vous?

JULIE J'ai perdu mon passeport.

AGENT Votre passeport. Bon, alors, donnez-moi votre nom et votre adresse. Vous êtes Anglaise, n'est-ce pas?

JULIE Oui, monsieur. Je m'appelle Julie Harding et je passe le weekend à Biarritz avec des amis, 62 avenue Jean Jaurès.

AGENT Vous avez le numéro de votre passeport?

JULIE Oui, je l'ai noté sur un bout de papier. Le voilà.

AGENT Merci, mademoiselle. Alors, savez-vous où vous avez perdu votre passeport?

JULIE Pas exactement. Aujourd'hui, je suis allée en Espagne, à San Sebastian. Je l'avais à la frontière quand je suis rentrée en France.

AGENT Vous êtes allée à Saint Sebastian en voiture?

JULIE Non, monsieur. Par le train.

AGENT Bon, si vous voulez passer au commissariat demain, j'aurai peut-être des nouvelles.

JULIE Merci, monsieur. Au revoir.

AGENT Au revoir, mademoiselle.

. . . .

(*Le lendemain*)

AGENT Mademoiselle Harding, ici le commissariat de Biarritz. On a trouvé votre passeport dans le train à Bayonne.

JULIE Oh, merci, monsieur l'agent. Qu'est-ce qu'il faut que je fasse?

AGENT Eh bien, allez au commissariat de Bayonne. On vous rendra votre passeport.

JULIE Merci monsieur.

STRUCTURES

Que puis-je faire pour vous? En quoi puis-je vous aider?

J'ai perdu | mon porte-feuille.
On m'a volé | mon appareil photo.

Quand | l'avez-vous perdu?
Où |

Je ne sais pas exactement | où | je l'ai perdu.
| quand |

Je suis allé à . . .

J'ai passé par la rue St André.

J'ai passé | deux heures / quelque temps | à . . .

Je me suis arrêté à . . .

Je suis rentré à . . .

Je l'avais quand je . . .

Quand je . . . , je ne l'avais plus.

Je dois l'avoir perdu | sur la plage. / vers midi.

C'était | un appareil / un collier | de luxe?

C'est en quoi, | le sac? / la bague?

J'en suis (vraiment) | fâché. / désolé. / déçu.

Oui, je l'ai payé | 10,000F / très cher | l'année dernière. / en Angleterre.

En | cuir / or / argent / platine / plastique

VOCABULARY

un appareil-photo	*camera*	perdre	*to lose*
un porte-feuille	*a wallet*	voler	*to steal*
un sac à main	*a hand bag*	payer	*to pay for*
une clé	*a key*	trouver	*to find*
un passeport	*a passport*	chercher	*to look for*
une bague	*a ring*	arrêter	*to arrest*
un collier	*a necklace*	oublier	*to forget*
une montre	*a watch*	égarer	*to mislay*
des boucles d'oreilles	*ear rings*	de luxe	*expensive*
un voleur	*a thief*	bleu clair	*light blue*
un reçu	*a receipt*	bleu foncé	*dark blue*
une carte de crédit	*a credit card*	neuf	*new*
un carnet de chèques	*a cheque book*		

Exercise 1 Make up short conversations with an *agent de police* based on your loss of the items below.

Où?

Pharmacie
Gare
Piscine
Restaurant
Rouen
Toilettes
Camping

Quoi?

Quand?

il y a une heure
ce matin
cet après-midi
hier soir
?
vers 4h
pendant la nuit

Exercise 2 *Exemple*:

LONDRES
700F
Voilà mon appareil photo. Je l'ai payé 700F à Londres.

1

200F
PARIS

2
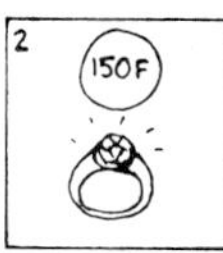

150F
NANTES

3
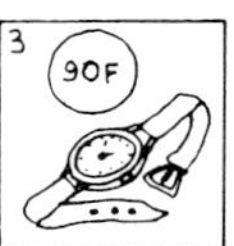

120F
BIARRITZ

4

60F
BIRMINGHAM

Exercise 3 *Exemple*:

J'ai perdu mon porte-feuille.
Je l'avais quand je suis allé à la pharmacie.
Quand je suis arrivé au bureau de poste, je ne l'avais plus.

Pharmacie
Bureau de poste

1

Douane
Auberge de jeunesse

2

Plage
Supermarché

3

Commissariat
Syndicat d'Initiative

4
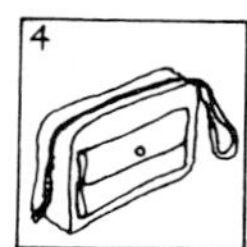

P.T.T.
Hôtel

Exercise 4 Choose the words to express an appropriate reaction.

fâché(e)	très mécontente	agréablement surpris(e)	Tiens
Zut	déçu(e)	Mon Dieu	désolé(e)
certain(e)	Quelle chance		

1 Je viens de perdre mon appareil-photo. J'en suis vraiment______.
2 ______, tu as trouvé mon passeport!
3 Ma copine a oublié sa bague dans le WC. Elle en est______.
4 ______, je ne trouve pas ma montre!
5 On m'a volé mon porte-feuille. J'en suis vraiment______.
6 ______, mes clés étaient toujours devant la caisse!
7 Le collier que je t'avais prêté était tout neuf. J'en suis vraiment______.
8 Tu l'as égaré dans le restaurant. Tu es sûr? Oui, j'en suis______.
9 ______, j'ai perdu mon carnet de chèques!
10 Ma carte de crédit était au Bureau des Objets Trouvés. J'étais______.

Reading starts here

A
1 Bonjour, m______. Que puis-je faire pour vous?
2 Encore un! Voulez-vous me donner votre nom et votre adresse?
3 Ah, vous êtes Anglais(e). C'est quelle marque, votre appareil?
4 Trois mille francs. C'est déjà beaucoup. Où l'avez-vous perdu?
5 C'était quelle plage?
6 Bon. Revenez dans deux ou trois jours. C'est le plus simple. Et bonne chance, hein?
7 Au revoir, m______.

B
1 Say that you have lost your camera.
2 Give your name and say where you live.
3 Say that it is a Pentax Super, and that you paid £300 for it in England last year.
4 Say that you are not quite sure, that you had it yesterday on the beach and that, when you got back to the camp site in the evening, you no longer had it.
5 Say 'Miramar beach. Near the lighthouse'. Say that the camera was in a leather bag.
6 Thank your partner and say goodbye.

A
1 Say hello and ask what you can do for your partner.
2 Say 'Another one!' Ask for your partner's name and address.
3 Say 'Ah, you're English' and ask what make the camera is.
4 Say 'Three thousand francs. That's a lot'. Ask where your partner lost it.
5 Ask which beach it was.
6 Say that the simplest thing would be to come back in two or three days and wish your partner luck.
7 Say goodbye.

B
1 J'ai perdu mon appareil-photo.
2 . . . J'habite . . .
3 C'est un Pentax Super. Je l'ai payé trois cents livres en Angleterre, l'année dernière.
4 Je ne sais pas exactement. Je l'avais hier, sur la plage. Quand je suis rentré(e) au camping le soir, je ne l'avais plus.
5 Plage Miramar. Tout près du phare. L'appareil était dans un sac en cuir.
6 Merci, m______. Au revoir.

Reading starts here

A

1 Bonjour, m______. En quoi puis-je vous aider?
2 Votre sac? Comment c'est?
3 Où est-ce que vous l'avez perdu?
4 C'était près d'ici?
5 Vous avez vu le voleur?
6 Qu'est-ce qu'il y avait dans le sac?
7 Bon, voulez-vous me donner votre nom et votre adresse, s'il vous plaît?

B

1 Say that your bag has been stolen.
2 Say that it was a leather bag.
3 Say that you put it on the ground to make a telephone call. Say it was an open call box.
4 Say 'No', that it was rue Arquaise, near the church. Say you were told to come to the police station.
5 Say that you didn't see anyone.
6 Say you're not sure. Some money, about 120F, your passport, some keys and such like.

Role-play starts here

A

1 Say hello and ask how you can be of assistance.
2 Say 'Your bag?' and ask what it is like.
3 Ask where your partner lost it.
4 Ask if it was near here.
5 Ask if your partner saw the thief.
6 Ask what there was in the bag.
7 Ask for your partner's name and address.

B

1 On m'a volé mon sac.
2 C'est un sac en cuir.
3 Je l'ai mis par terre pour téléphoner. C'était une cabine ouverte sur la rue.
4 Non, c'était rue Arquaise, près de l'église. On m'a dit de venir au commissariat.
5 Non, je n'ai vu personne.
6 Je ne sais pas exactement. De l'argent, 120F, à peu près, mon passeport, des clefs, des trucs comme ça.

9 Au bureau de poste

The Post Office is often referred to as the PTT (*Postes, Télégraphes, Téléphones*) or by its newer title P et T (*Postes et Télécommunications*).

As in Britain, you would use the post office to buy stamps, money orders, to send telegrams, but also to make a phone call if you could not find a phone box in the street. Telephoning is much simpler than it used to be. Phone boxes are coin-operated and, if you know the phone number and code, you can dial direct to most places in France and to many places abroad. If you have to request a telephone number, you will find it given with the digits grouped as follows:
93.21.68.48.
(Can you read out these numbers as you would hear them from the operator?)
Here are the instructions for telephoning to Great Britain from France. Do you understand them? 'Vous composez le 19, vous attendez la tonalité, vous composez le 44, c'est-à-dire l'indicatif pour la Grande-Bretagne, et puis le numéro de votre correspondant. N'oubliez pas l'indicatif de la région.'

If you are over 18 years of age, you can also arrange for your mail to be sent to a post office and held there for you if you are travelling about and have no fixed address. The letter would be addressed to you *Poste Restante* at the town or village of your choice. You need some form of identification when you collect your mail. There is a small charge.

DIALOGUE: AU BUREAU DE POSTE

Jackie Fielding passe un mois avec sa correspondante Nicole à Laval. Elles viennent de passer le weekend chez des amis à Thouars. En rentrant, le scooter de Nicole est tombée en panne. Les jeunes filles décident de téléphoner à Laval pour dire qu'elles ne rentreront pas avant neuf heures. Elles entrent dans le bureau de poste à Saumur.

NICOLE Pour téléphoner à Laval, s'il vous plaît, mademoiselle?

LA TÉLÉPHONISTE Toutes les cabines sont occupées en ce moment. Il y a une cabine publique au coin de la rue si vous êtes pressée.

NICOLE Je l'ai déjà essayée. Elle ne fonctionne pas. Je vais attendre.

. . . .

LA TÉLÉPHONISTE Mademoiselle, la cabine trois est libre.

NICOLE C'est la première fois que je téléphone dans un bureau de poste. Qu'est-ce qu'il faut faire?

LA TÉLÉPHONISTE Vous composez le numéro de votre correspondant, c'est tout.

NICOLE Merci madame.

JACKIE Ça marche avec des jetons ou avec des pièces?

LA TÉLÉPHONISTE Ni l'un ni l'autre. On paie en sortant. . . .

JACKIE C'est occupé?

NICOLE Non, ça sonne . . . Allô? Qui est à l'appareil? Ah, peux-tu me passer maman? C'est Nicole. . . . Allô, c'est maman? Ici Nicole. Nous sommes à Saumur. Le scooter est en panne. Non, ce n'est pas grave, mais nous ne serons pas de retour avant neuf heures. D'accord? Non, non, ce n'est pas la peine. Ne t'inquiète pas. À ce soir. Au revoir. (*Elle raccroche*)

STRUCTURES

Je voudrais	. . . timbres à . . . francs, un mandat pour . . . francs, envoyer un télégramme en Angleterre, téléphoner à un ami à Paris,	s'il vous plaît.

Il faut remplir une formule. Vous avez une formule?

Pour les télégrammes, Pour téléphoner,	c'est quel guichet, s'il vous plaît?

C'est combien pour	une lettre une carte postale	pour	l'Angleterre? la France?

Ça arrivera quand? Dans	deux jours. deux heures.

PHRASES

Demandez votre communication à la standardiste. *Ask the operator to connect you.*
Nous avons été coupés. *We have been cut off.*
Ne raccrochez pas, restez en ligne. *Do not hang up.*
Qui est à l'appareil? *Who is speaking?*
C'est de la part de qui? *Who is calling?*
Tu peux me passer maman? *Can you get mum to the phone?*
Je vous entends très mal. *It's a very bad line.*

VOCABULARY

au bureau de poste à la poste	*at the post office*
envoyer un paquet par avion / en recommandé	*to send a parcel by air / registered post*
composer / faire le numéro de téléphone	*to dial the telephone number*
une formule	*a telegraph form*
un mandat	*a postal order*
le destinataire	*the person to whom a letter is addressed*
un jeton	*a telephone token*
un annuaire	*a telephone directory*
un guichet	*a counter in a post office*
toucher un mandat	*to cash a postal order*

Exercise 1 Can you read out the following French telephone numbers?

(a) 45 64 22 22 (b) 45 50 31 92 (c) 73 90 11 87
(d) 79 64 01 53 (e) 78 38 14 16 (f) 78 82 96 54

Exercise 2 Below are some answers. What were the questions/statements which led to these responses?

1 Une lettre pour l'Angleterre, c'est 2F.50.
2 Il faut remplir une formule.
3 Pour les télégrammes, c'est le guichet numéro deux.
4 La cabine 3 est libre.
5 Ici, c'est Monique Bussière. Je vous entends très mal.
6 Restez en ligne, je vais la chercher.
7 Dans deux heures, à peu près.
8 Adressez-vous à la téléphoniste.

Exercise 3 Below are two short letters. Try reducing them to telegrams. Remember to write in capital letters.

Ma chère Michelle,

En rentrant de St Malo ce matin, mon scooter est tombé en panne. Je l'ai poussé jusqu'à un garage à Dol. Le garagiste est en train de le réparer. Je t'écris pour t'avertir que je ne serai pas de retour avant vendredi soir. Je vais passer la nuit dans un petit hôtel à Dol, puis j'irai directement à Dinan demain (jeudi). Ne t'inquiète pas. Tout va bien.

Grosses bises,
Jean-Luc

Chère madame,

Je n'ai pas pu débarquer au Havre avant le départ de l'autobus qui devait nous conduire à la gare. Il y avait un tas de monde. J'ai manqué le train pour Paris. Le prochain part à onze heures. Je serai donc obligée de passer la journée à Paris et de prendre le train de vingt et une heures. J'espère arriver à Pau vers six heures et demie du matin. Pouvez-vous venir me chercher à la gare?

Toutes mes amitiés
Marie-France Cartier

Role-play starts here

A 1 Say that you want to send a telegram to Biarritz.
2 Ask where there are some forms.
3 Say 'Thank you'. . . . Ask how much the telegram costs.
4 Hand over 35F. Ask when the telegram will get there. Say that it is very urgent.
5 Ask if there is a call-box free.
6 Say you would like to make a call to Dieppe.
7 Thank your partner.

B 1 Oui, m______. Il faut remplir une formule.
2 Adressez-vous au guichet numéro 2, là-bas, près de la porte.
3 Ça fait 35F.
4 Dans deux heures, à peu près.
5 Adressez-vous à la téléphoniste.
6 La cabine 2 est libre.

Reading starts here

A 1 Je voudrais envoyer un télégramme à Biarritz.
2 Où est-ce qu'il y a des formules, s'il vous plaît?
3 Merci, m______. . . . C'est combien pour ce télégramme, s'il vous plaît?
4 Voilà 35F. Ça arrivera quand? C'est très urgent.
5 Vous avez une cabine libre?
6 S'il vous plaît, mademoiselle, je voudrais téléphoner à Dieppe.
7 Merci.

B 1 Say 'Yes' and that your partner must fill in a form.
2 Tell your partner to go to the counter 2 over by the door.
3 Say that it costs 35F.
4 Say 'In about two hours'.
5 Tell your partner to go to the telephonist.
6 Tell your partner that the second call-box is free.

Reading starts here

A
1 Bonjour, m______. C'est combien pour une lettre pour l'Écosse, s'il vous plaît?
2 Et pour une carte postale?
3 Alors je voudrais six timbres à 2F.20 et un timbre à 2F.50, s'il vous plaît.
4 J'ai aussi ce petit paquet.
5 Non, non, ce n'est pas la peine.
6 Au revoir, m______.

B
1 Say 2F.50.
2 Say 2F.20.
3 Hand over the stamps and ask if that is all.
4 Ask if your partner wants to send it by registered delivery.
5 Say 'That's 20F.30.' Thank your partner and say goodbye,

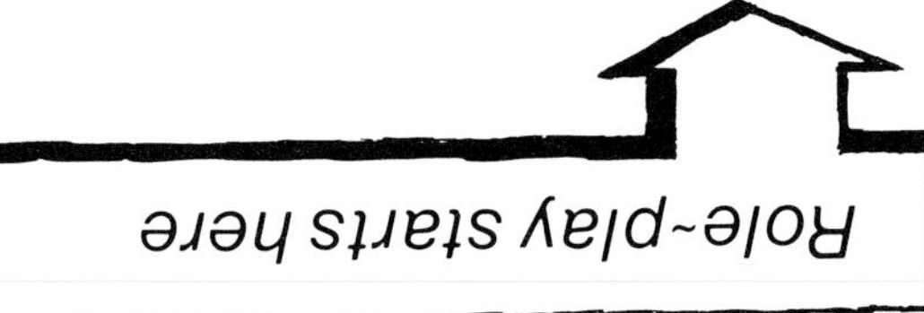

A
1 Say hello and ask how much it is to send a letter to Scotland.
2 Ask how much it is for a postcard.
3 Ask for six stamps at 2F.20 and one stamp at 2F.50.
4 Say that you have also got this small parcel.
5 Say 'No, it's not worth the trouble'.
6 Say goodbye.

B
1 2F.50.
2 2F.20.
3 Voilà, m______. C'est tout?
4 Voulez-vous l'envoyer en recommandé?
5 Ça fait 20F.30. Merci, m______. Au revoir.

10 Aux magasins

Supermarkets (*supermarchés*) and hypermarkets (*hypermarchés*) in France are very similar to those in Britain and some, like *Carrefour*, even have the same names. Unless you are buying fresh meat or fresh fish, freshly-cut cheese or *charcuterie*, you can buy almost everything you need in these shops without saying anything. In smaller shops and in department stores (*grands magasins*) you will usually need to ask for what you want.

The best known department stores are *Nouvelles Galeries, Monoprix, Prisunic, Le Printemps* and *Galeries Lafayette*. Your teacher will be able to tell you about the various sorts of smaller shops, which can be very different from British shops. If you are still uncertain, ask about the difference between *une boucherie, une boucherie chevaline* and *une charcuterie*, and about the difference between *une boulangerie, une pâtisserie* and *une confiserie*.

DIALOGUE: AU MAGASIN

Deux jeunes Français, Alain et Christelle, qui passent leurs vacances aux Saintes-Maries-de-la-Mer, en Camargue, décident d'acheter des chapeaux pour se protéger du soleil.

SERVEUSE Bonjour, monsieur, mademoiselle. Vous désirez?

CHRISTELLE Je voudrais un chapeau, s'il vous plaît, mademoiselle. Je peux essayer celui-ci?

SERVEUSE Bien sûr. (*Christelle met le chapeau.*) Celui-là vous va bien. (*Elle s'adresse à Alain.*) Vous en voulez, monsieur, vous aussi?

ALAIN Oui, mademoiselle. Je vais essayer celui-là.

CHRISTELLE Moi, je préfère celui-ci. Vous avez la même chose en vert?

SERVEUSE Non, je regrette. C'est tout ce que j'ai.

CHRISTELLE Ça ne fait rien. Je prends celui-ci.

ALAIN Ce chapeau me va?

CHRISTELLE Mais, non, il est trop petit. Essaie celui-là. Oui, c'est beaucoup mieux. Bon, on prend les deux chapeaux. Ça fait combien, mademoiselle?

SERVEUSE Alors, 35F et 27F, ca fait 62F, s'il vous plaît.

ALAIN 62F. Christelle, donne-moi 20F, s'il te plaît. Voilà, mademoiselle, 70F.

SERVEUSE Merci, monsieur. 62F et 8, ça fait 70F. Merci, au revoir bonne journée.

CHRISTELLE / ALAIN Au revoir.

STRUCTURES

Finding the shop/counter

Pardon, m______,	le rayon	des disques,		s'il vous plaît?
		des produits de beauté,		
		pour acheter	une casserole,	
			une carte postale,	

C'est	au	premier	étage.
		deuxième	
	là-bas, au fond.		

Il y a	une quincaillerie	là.
	un tabac	en face.

Asking for what you want

La serveuse

On vous sert?
Vous êtes servi?
Je peux vous aider?
Vous désirez?
C'est à qui, maintenant?
À qui le tour?
Combien en voulez-vous?

Voilà	et avec ça?
	c'est tout?
	et ensuite?

Le client

Je voudrais	un Camembert,	s'il vous plaît.
	quelque chose pour un ami,	

Donnez-moi	un demi-kilo de tomates.
	cinq pommes.

Vous avez	des oeufs?
	quelque chose d'un peu moins cher?

Vous n'avez rien de moins cher?

Vous vendez	des cigarettes?
	du lait?

Choosing

Le client

Je peux	écouter ce disque?
	essayer cette robe?
	goûter ces fromages?
	voir ces chaussures?

On peut essayer? Il y a une cabine?

Vous avez	la même chose	en	bleu?
	quelque chose		rouge?

Vous n'avez pas autre chose?

Qu'est-ce que vous avez comme	sandales?
	légumes?

C'est de la même qualité?

Ça se vend	au poids?
	à l'unité?

La serveuse

Celui-ci? Celui-là?
Celle-ci? Celle-là?
Ceux-ci? Ceux-là?
Celles-ci? Celles-là

Je regrette,	c'est tout ce que j'ai.
	je n'ai plus de . . .
	il ne m'en reste plus.

Deciding

La serveuse

Vous prenez | le fromage?
| la jupe?
| les sandales?
| les plus (grosses)?
| les moins (grosses)?

Comme ça?

Un peu | moins?
| plus?

Le client

Oui, je | le | prends.
| la |
| les |

Non, je regrette, | c'est trop | cher.
| | grand.
| il est trop petit.
| elle est trop petite.

Paying

Le client

C'est combien | le Camembert, | s'il vous plaît?
| les tomates, |

Elles sont à combien?

Ça fait combien?

Je n'ai qu'un billet de . . . F.

Pourriez-vous me | l' | envelopper, s'il vous plaît?
| les |

La serveuse

(C'est) . . . F | le kilo.
| la pièce.

Celles-ci sont à 50F la paire.

Ça fait . . . F.

Vous | l' | emportez comme ça?
| les |

On vous fait un petit cadeau?

Vous payez à la caisse.

Measurements

La taille

Vous faites du combien? Du 61.

Les chaussures

Vous chaussez du combien? Du 39.

General clothes sizes	G.B.	8	10	12	14	16	18	20	22	
	F.	36	38	40	42	44	46	48	50	
Waist measurements	G.B.(ins)	22	24	26	28	30	32	34	36	38
	F. (cms)	56	61	66	71	76	81	86	91	97
Shoe sizes	G.B.	3	4	5	6	7	8	9	10	
	F.	36	37	38	39/40	41	42	43	44	

Quantities

un kilo
un demi-kilo
un litre
un demi-litre
250 grammes
une livre
une douzaine
un paquet
une boîte
un pot
une bouteille
une paire
un carafe
un flacon
une tranche
une rondelle
un morceau

Materials

en plastique
en cuir
en laine
en coton
en métal
en bois
en caoutchouc
synthétique

Quality

frais, fraîche
mûr, mûre
mignon, mignonne
chic
joli, jolie
cher, chère
bon marché

Containers

un sac
un sac à main
un panier
un filet

VOCABULARY

Au grand magasin

le sous-sol	*the basement*	des mouchoirs (en papier)	*(paper) hankerchiefs*
le rez-de-chaussée	*the ground floor*	rayé	*striped*
le premier étage	*the first floor*	à carreaux	*check (material)*
un collant	*a pair of tights*	du parfum	*perfume*
un foulard	*a scarf*	de l'eau de toilette	*toilet water*

Au tabac

une carte postale	*a postcard*
une carte routière	*a road map*
du papier à lettres	*writing paper*
un timbre	*a stamp*
une enveloppe	*an envelope*
un journal	*a newspaper*
un magazine	*a magazine*
un guide touristique	*a tourist guide*
une carte	*a map*
des cigarettes	*cigarettes*
des allumettes	*matches*
un briquet	*a lighter*

À la boulangerie/pâtisserie

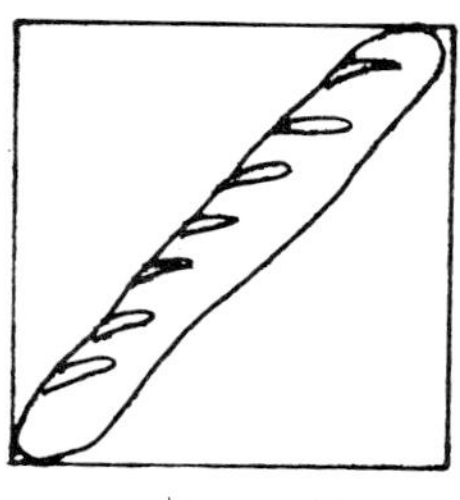
une baguette

une flûte

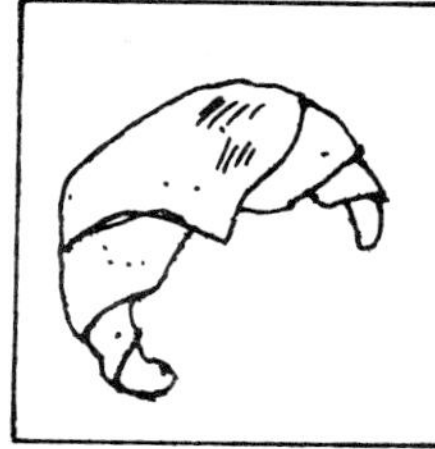
un croissant

un petit pain au chocolat

un chausson aux pommes

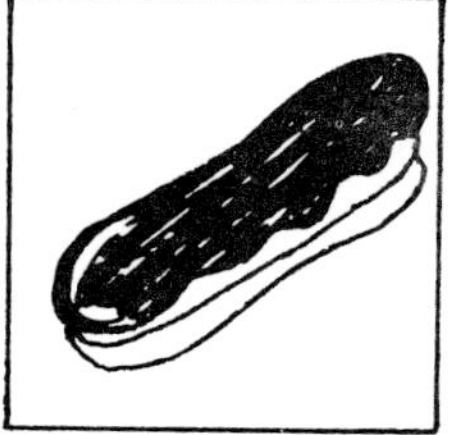
un éclair

une religieuse

un gâteau

À l'alimentation générale

du café	*coffee*
du thé	*tea*
du sucre	*sugar*
du sel	*salt*
du poivre	*pepper*
du vinaigre	*vinegar*
de l'huile	*oil*
de la farine	*flour*
des oeufs	*eggs*
de la confiture	*jam*
des biscuits	*biscuits*
des fraises	*strawberries*
des oranges	*oranges*
des pommes	*apples*
des poires	*pears*
des pêches	*peaches*
des cerises	*cherries*
des bananes	*bananas*
des citrons (m)	*lemons*
des pamplemousses	*grapefruits*
des melons (m)	*melons*
du raisin	*grapes*

des pommes de terre	*potatoes*
des petits pois	*peas*
des carottes	*carrots*
des haricots	*beans*
en conserve	*tinned*
des tomates	*tomatoes*
des oignons	*onions*
des champignons	*mushrooms*
des radis	*radishes*
produits surgelés	*frozen foods*

un chou	*a cabbage*	du spaghetti	*spaghetti*
un chou-fleur	*a cauliflower*	de l'aïl	*garlic*
un concombre	*a cucumber*	une laitue	*a lettuce*
du céleri	*celery*	une salade	*a lettuce*
du riz	*rice*		

du vin	*wine*	de l'eau minérale	*mineral water*
du cidre	*cider*	de la limonade	*lemonade*
de la bière	*beer*	du jus de fruit	*fruit juice*

À la laiterie-crémerie

du lait	*milk*	du yaourt	*yoghurt*
de la crème	*cream*	du fromage	*cheese*
du beurre	*butter*		

À la charcuterie

un poulet rôti	*a roast chicken*
du pâté	*pâté*
du saucisson	*cooked sausage*
du jambon	*ham*
des tomates farcies	*stuffed tomatoes*
une quiche	*a quiche*
une pizza	*a pizza*

À la boucherie

du boeuf en hachis		*mince beef*	
des saucisses		*sausages*	
une côtelette	de veau	*veal*	*cutlet*
	d'agneau	*lamb*	

À la confiserie

des bonbons	*sweets*
des chocolats	*chocolates*

À la pharmacie

du savon	*soap*
un rouge à levres	*a lipstick*
du dentifrice	*toothpaste*
du sparadrap	*sticking-plaster*
des cachets d'aspirine	*aspirins*
des lunettes de soleil	*sun glasses*
du shampooing	*shampoo*
une brosse à dents	*a toothbrush*
un peigne	*a comb*
un appareil-photo	*a camera*
une pellicule	*a film*

À la bijouterie

un collier	*a necklace*
une bague	*a ring*
des boucles d'oreilles	*ear-rings*
un médaillon	*a locket*
une montre	*a watch*

À la quincaillerie

une assiette en métal	*a metal plate*
un couteau	*a knife*
un canif	*a penknife*
un piquet	*a tent peg*
de la corde	*rope*
de la ficelle	*string*
une pile	*a battery*

acheter	*to buy*	payer	*to pay (for)*
vendre	*to sell*	dépenser	*to spend*
se vendre bien / mal	*to sell well / badly*	coûter	*to cost*
choisir	*to choose*	envelopper	*to wrap up*
prendre	*to take*	échanger	*to exchange*
essayer	*to try on*	servir	*to serve*

Exercise 1 À l'alimentation générale

Link up the quantities on the left with the goods on the right, starting each sentence with '*Je voudrais . . .*'

Exemple: une bouteille de la limonade

Je voudrais une bouteille de limonade, s'il vous plaît.

1 une douzaine	du café
2 un demi-kilo	du pâté
3 un litre	de l'huile
4 une boîte	des bananes
5 une tranche	des oeufs
6 un paquet	du saucisson
7 six rondelles	du beurre
8 quatre bouteilles	des sardines
9 250 grammes	de la confiture
10 un pot	du vin

Exercise 2 Quel est le mot qui ne va pas avec les autres? Vous trouverez peut-être plus d'une possibilité. Discutez-les.

1 une pêche un pamplemousse une tomate une carotte
2 un chou-fleur des haricots un oignon des citrons
3 du yaourt du chocolat du fromage de l'huile
4 du hachis de boeuf du pâté un poulet rôti du saucisson
5 l'eau de toilette le dentifrice le rouge à levres le parfum

6 la farine   le sel   le vinaigre   le poivre
7 un collier   une bague   un collant   des boucles d'oreilles
8 de l'eau minérale   du vin   un jus de fruit   un orangina
9 acheter   choisir   payer   vendre
10 une flûte   une baguette   un croissant   une tarte aux pommes
11 la caisse   coûter   essayer   le prix
12 une charcuterie   une quincaillerie   une pharmacie   une librairie

---

Exercise 3

Exemple: Du sucre.
S'il vous plaît, monsieur, pour acheter du sucre?
Il y a une épicerie en face.

Invent a different location for each shop you choose (see Unit 5).

1 du beurre
2 du pain
3 un poulet rôti
4 du sparadrap
5 des cartes postales
6 du lait
7 un journal
8 une pellicule
9 des bonbons
10 une assiette en métal

Exercise 4

Link up the objects with suitable materials

1 La jupe est . . .
2 Le pull est . . .
3 Les sandales sont . . .
4 La boîte est . . .
5 L'assiette est . . .
6 La ceinture est . . .
7 La semelle est . . .

(a) en métal
(b) en bois
(c) en caoutchouc
(d) en laine
(e) en coton
(f) en cuir
(g) en plastique

Exercise 5

Vous désirez?
How would you ask for the things below?

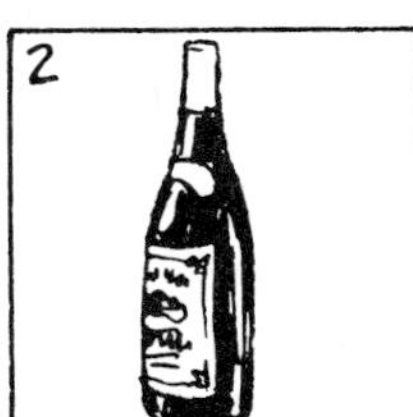

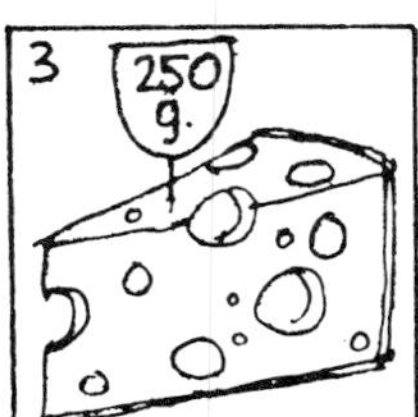

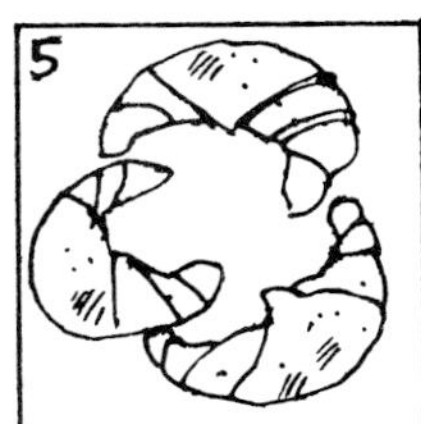

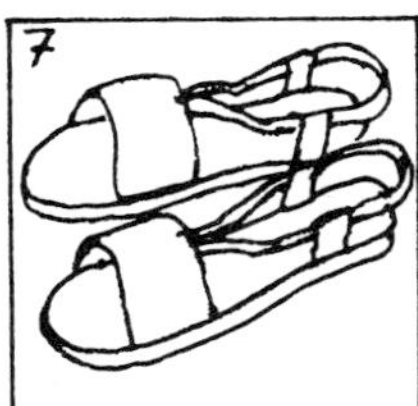

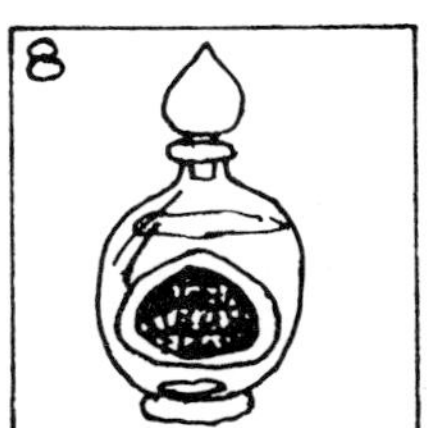

Exercise 6 Choosing a verb from those below, write out the sentences suggested by the pictures.

essayer goûter écouter

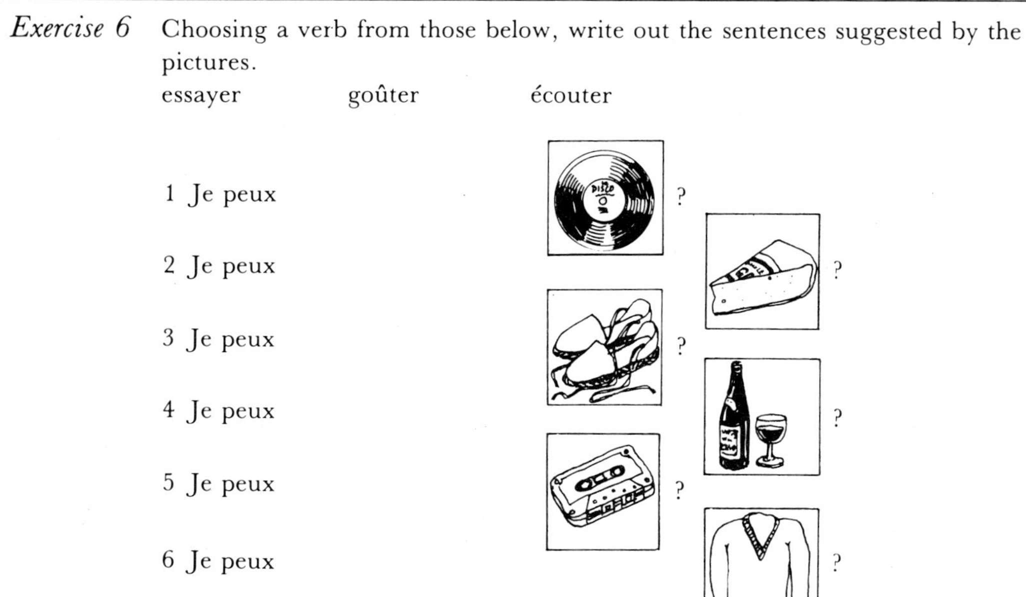

1 Je peux ?

2 Je peux ?

3 Je peux ?

4 Je peux ?

5 Je peux ?

6 Je peux ?

Exercise 7 Below are the answers. What were the questions?

1 Je regrette, c'est tout ce que j'ai.
2 Ça fait 10F.50.
3 Ceux-ci sont à 60F la paire.
4 Je n'ai qu'un billet de 50F.
5 Pourriez-vous me les envelopper, s'il vous plaît?
6 Du 71.
7 Du 36.
8 C'est au premier étage.
9 Donnez-moi aussi deux melons.
10 Je regrette, je n'ai plus de croissants.

Exercise 8 A rather fussy customer goes into a clothes shop. Invent the dialogue.

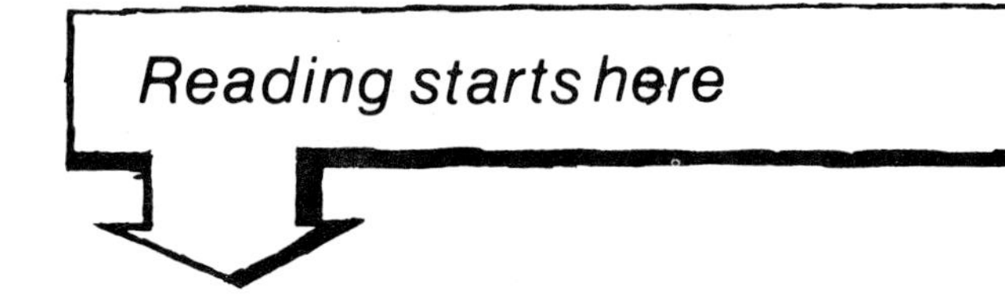

A

1 Bonjour, m______. Vous désirez?
2 Voilà m______. Et avec ça?
3 C'est 12F le paquet de six bouteilles.
4 Non, m______, je regrette, je n'ai plus de melons. Alors, c'est tout?
5 Ça fait 38F. Vous n'avez pas la monnaie?
6 Merci. Au revoir m______.

B

1 Say you would like a kilo of bananas and five apples.
2 Ask how much the mineral water is.
3 Ask for a packet of six bottles and two litres of red wine. Ask if your partner has any melons.
4 Say 'Yes' and ask how much it comes to.
5 Ask your partner to wait and then offer 38F.
6 Say goodbye.

Role-play starts here

A

1 Say hello and ask what your partner would like.
2 Say 'There you are' and ask if there is anything else.
3 Say that it is 12F for a packet of six bottles.
4 Say that you are sorry but that you haven't any melons left. Ask if that is all.
5 Say 'That's 38F' and ask if your partner has the right money.
6 Say thank you and goodbye.

B

1 Je voudrais un kilo de bananes et cinq pommes, s'il vous plaît.
2 C'est combien, l'eau minérale?
3 Bon, donnez-moi un paquet de six bouteilles et deux litres de vin rouge. Vous avez des melons?
4 Oui, m______. Ça fait combien?
5 Attendez. Oui, voilà 38F.
6 Au revoir.

Reading starts here

A

1 Bonjour, m______. Vous désirez?
2 Oui, m______. Vous chaussez du combien?
3 Voilà, m______. Elles sont très confortables, celles-là, n'est-ce pas?
4 Oui, m______. Mais en cuir elles sont sensiblement plus chères.
5 Bien sûr. Asseyez-vous là.
6 Attendez. Vous chaussez peut-être du 41. Voilà.
7 Vous les emportez comme ça?

B

1 Say you would like to buy some sandals.
2 Say '39/40'.
3 Say 'Yes' and ask your partner if he/she has the same thing in leather.
4 Ask if you can try them on.
5 Say that those are a little tight.
6 Say that these are much more comfortable and that you will take them.
7 Ask your partner to wrap them.

Role-play starts here

A

1 Say hello and ask what your partner would like.
2 Say 'Yes' and ask what size shoe your partner takes.
3 Say 'There you are. Those are very comfortable, aren't they?'
4 Say 'Yes' but that, in leather, they are considerably dearer.
5 Say 'Of course' and ask your partner to sit down.
6 Ask your partner to wait. Suggest that he/she may take a 41 and show him/her a pair.
7 Ask if your partner is taking them as they are.

B

1 Je voudrais des sandales, s'il vous plaît.
2 Du 39/40.
3 Oui. Vous avez la même chose en cuir?
4 Je peux les essayer?
5 Oui, mais celles-là me pincent un peu les pieds.
6 Ah oui, celles-ci sont beaucoup plus confortables. Je les prends.
7 Non, pourriez-vous me les envelopper, s'il vous plaît?

Vous y êtes?

Are you there yet? This section will help to check whether you are ready for the examination. If you find the conversations difficult, go back to the relevant chapter and do some revision.

Remember you are *not* required to translate. The English should be used just to remind you of French you already know. Often, there will be a number of possibilities. For example, if you are asked to tell your partner that you like the cinema, you could say:

J'aime le cinéma.
J'aime bien le cinéma.
Le cinéma m'intéresse.
Le cinéma me plaît beaucoup.
Le cinéma, c'est très intéressant.
Le cinéma, je m'y intéresse beaucoup, etc.

Similarly, if you cannot remember the exact expression you are searching for, try to get close; for example

Est-ce que le train va arriver *en retard?*
instead of Est-ce que le train va arriver *à l'heure?*

or Ça s'est passé *très vite.*
instead of Ça s'est passé *en un clin d'oeil.*

A near miss is better than nothing.

Lastly, do not get tied up with the English word. For example, if you are playing the part of a waiter in a restaurant and you are told to ask the customer what he/she *wants,* any of these will do:

Vous désirez?
On vous sert?
Vous êtes servi?
Vous avez choisi?
Qu'est-ce que je peux vous servir?

If in doubt, have a go!

Situation 1(a)

Vous cherchez quelque chose à faire demain soir.

l'aiglon
Cinéma

Short circuit

(USA) Durée : 1 h 40

Number Five est un robot, programmé pour la guerre nucléaire mais il a appris aussi l'émotion et la passion...
Cette comédie d'aventures avec effets spéciaux est de John Badham, le réalisateur de *La fièvre du samedi soir, Wargames...*

Samedi 9 août	21H	SHORT CIRCUIT
	23H	9 SEMAINES ET DEMI
Dimanche 10 août	21H	TENUE DE SOIREE
	23H	LES GUERRIERS DE LA NUIT
Lundi 11 août	21H	RECHERCHE SUSAN **désespérément**
	23H	LES GRIFFES DE LA NUIT
Mardi 12 août	21H	ROCKY IV
	23H	PINK FLOYD THE WALL
Mercredi 13 août	21H	LE DIAMANT DU NIL
	23H	LA REVANCHE DE FREDDY
Jeudi 14 août	23H	KARATE KID N°2

Joueur A

1 Ask your partner what you might do tomorrow.
2 Say you do not like discos all that much and ask what is on at the Aiglon cinema.
3 Ask what your partner is interested in.
4 Express your approval. Say you like English music and ask what time it starts.
5 Agree, confirm the place and suggest you meet at 8.30.

Joueur B

1 Suggest going to a disco.
2 Say it is Short Circuit and that you are not particularly interested in adventure films.
3 Say the cinema, when you have nothing else to do. Tell your partner that there's an English group giving a concert at the Palais des Sports.
4 Say nine o'clock and check you are agreed about tomorrow. Suggest meeting in front of the town hall.
5 Confirm and say 'see you tomorrow'.

Situation 1(b)

Pour inviter quelqu'un (et pour refuser l'invitation aussi) il faut quelquefois insister.

Joueur A

1 Say some of you are going to the cinema on Saturday and invite your partner.
2 Ask if your partner is free Friday. Say there is a concert in town.
3 Invite your partner to have a drink with you tomorrow evening.
4 Suggest staying in and watching the television.
5 Say okay, perhaps another time.

Joueur B

1 Say that's very nice but you have not got the time.
2 Express your regret and say it's impossible.
3 Say you don't like that sort of thing and that you don't go out often.
4 Say that television gets on your nerves a bit.
5 Agree and say you just cannot at the moment.

Can't do it? Go back to chapter 1.

Situation 2(a)

Arrivée à l'auberge de jeunesse.

Guide des Auberges de Jeunesse de France

COMMENT VIVRE A L'AUBERGE DE JEUNESSE ?

Vous devez posséder un sac de couchage en toile ou, à défaut, en louer un. Le prix de cette location n'est généralement pas compris dans le prix de la nuit indiqué dans ce guide.

Il est interdit à l'AJ :
— d'apporter des boissons alcooliques, et de fumer dans les dortoirs ;
— de faire du bruit après 22 heures ;
— de dormir dans les lits sans sacs de couchage ou draps ;
— de faire aucune propagande politique ou philosophique.

La mère / Le père aubergiste

1 Say hello and ask what your partner wants.
2 Say yes and ask for how many nights.
3 Tell your partner that it is number 6 dormitory and ask for his/her member's card.
4 Say certainly. Indicate that the toilets are on the first floor and that there are showers as well.
5 Say 7.30.

La fille / Le garçon

1 Ask if there is still any room.
2 Say just one night.
3 Hand it over and ask if you can hire a sleeping bag.
4 Thank your partner and ask what time the evening meal is.
5 Thank your partner.

Situation 2(b)

A l'Hôtel du Midi—propriétaire: G. Bravais.
Vous arrivez à l'Hôtel du Midi. L'hôtel est exactement ce qu'il vous faut, mais . . .

M. Bravais

1 Say good evening and ask if you can help.
2 Say you are very sorry and ask what the room number is.
3 Comment that your partner is really having problems. Check the room number with your partner.
4 Ask your partner to please wait a moment.
5 Say that it is a mistake. Give your partner room 19 on the first floor.

Le/La Touriste

1 Say that you cannot make the shower work, that it is jammed.
2 Say room 29. Add that you cannot open the shutters.
3 Agree that the room number is 29. Say that there is no toilet paper left and there is a blanket missing.
4 Say no, you want to leave. Say you are going to bring your luggage down.
5 Thank your partner and ask if you can park the car in front of the hotel.

Can't do it? Go back to Chapter 2.

Situation 3

Vous passez quinze jours en Alsace avec un(e) ami(e). Vous avez réservé une table pour samedi soir dans un restaurant à Münster. Bon appétit!

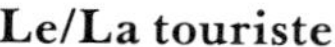

Le/La touriste

1 Say you have reserved a table for eight o'clock.
2 Give your name.
3 Say no and ask for the menu.
4 Order from the menu for you and your friend.
5 Ask what sort of mineral water they have.
6 Ask for two bottles of Perrier and choose a bottle of wine.
7 Order a dessert for your friend, nothing for yourself, and two white coffees.
8 Say yes and ask for the bill. Ask if they accept credit cards.

Le garçon

1 Ask in what name.
2 Confirm a table for two . . . Ask if they would like an apéritif.
3 Hand it over . . . Ask if they are ready to order.
4 Ask if they want anything to drink.
5 Say Perrier and Evian.
6 Say very well . . . Ask if they would like a dessert.
7 . . . Hand them over . . . Ask if they have finished.
8 Say of course.

SOUPE DE VENDANGEUR	25,00 F
REPAS DE VENDANGEUR (Tarte à l'oignon - soupe vendangeur et fromage de Munster)	45,00 F
PATE EN CROUTE CHAUD ET SALADE	30,00 F
CHOUCROUTE GARNIE	35,00 F
SANDWICH	9,00 F

FLAMMA KUCHEN (tarte flambée)

A L'ANCIENNE (oignons lard)	15,00 F
GRATINEE (oignons - lard - gruyère)	18,00 F
FORESTIERE (oignons - lard - gruyère - champignons)	20,00 F

VINS SELECTIONNES

SYLVANER	22,00 F	TOKAY	28,00 F
PINOT	24,00 F	MUSCAT	28,00 F
RIESLING	28,00 F	GEWURZTRAMINER	32,00 F
		PINOT NOIR	32,00 F

AUTRES:

EAU MINERALE SODA - LIMONADE PEPSI-COLA - QUEEN'S	6,00 F
BRETZEL	3,00 F

Can't do it? Go back to Chapter 3.

Situation 4(a)

Au syndicat d'initiative.
Vous êtes de passage à Hendaye. Demain matin vous partez pour Cambo-les-Bains, dans les Pyrénées, où vous allez passer trois ou quatre jours.

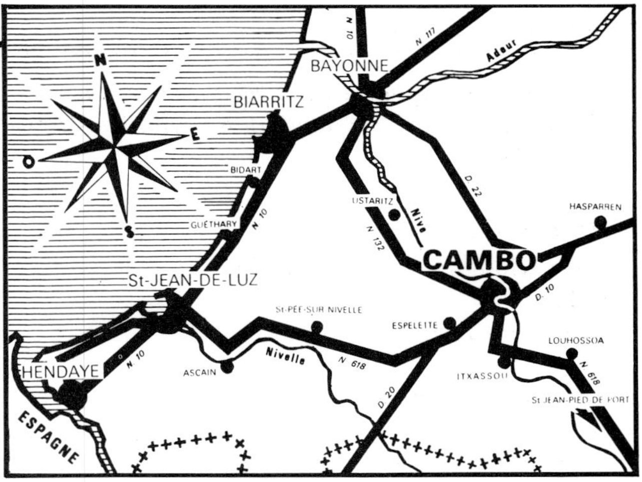

A 25 km DE LA COTE

CAMBO
LES-BAINS

Le/La touriste

1 Ask for the railway station.
2 Ask how to get there.
3 Say yes, you do not have a car.
4 Ask how many minutes it will take to get there.
5 Ask if there is a Post Office nearby.
6 Thank your partner. Ask if there is a campsite at Cambo.

L'employé(e)

1 Say it's in the avenue d'Espagne.
2 Present a plan of the town. Ask if your partner is on foot.
3 Tell your partner to follow the avenue des Allées, take the second on the right and the station is opposite.
4 Say about 15 minutes on foot.
5 Say yes. Tell your partner to go down the Boulevard de Gaulle, to take the third street on the right and say it's on the corner.
6 Say yes there is, but you think it is closed at the moment.

Situation 4(b)

Le/La touriste

1 Ask if there is much to see in the area around Cambo.
2 Say everything. Say you like sport but that you like visiting country houses and historical monuments.
3 Ask where to go to catch the bus for Arnaga.
4 Ask what time the bus leaves.
5 Thank your partner and say goodbye.

L'employé(e)

1 Say yes and ask what your partner is interested in.
2 Say there is a sports hall in Cambo, that one can go for walks in the mountains and that there is Arnaga, Edmond Rostand's house, close by. Confirm that there are lots of things to do.
3 Say there is a stop in front of the car-park, next to the tourist office.
4 Ask your partner to wait a moment. Say the next bus is at ten past ten.
5 Say goodbye and wish your partner a good holiday.

Can't do it? Go back to Chapter 4.

Situation 5(a)

Vous êtes à la découverte de la France. Vous faites de l'autostop mais, quelquefois, le train est plus pratique.

LE GRIL EXPRESS

Un choix de prestations froides et chaudes en libre service vous permettra de composer votre repas à votre convenance

Le/La touriste

1 Ask for a return ticket to Avignon. Say you want to reserve two seats.
2 Say you want to leave on the 26th.
3 Give your name. Ask if it is a through train.
4 Ask if there is a later train.
5 Say good and ask if there will be a restaurant car.
6 Say no and that the Gril Express will be fine.
7 Say yes.

L'employé(e)

1 Ask when it is for.
2 Ask what name it is.
3 Say no and that one has to change in Rennes and Paris. Say there is a train at 8.56.
4 Confirm that there is at 12.20.
5 Say yes, you can reserve a table or there is the Gril Express. Ask if your partner wants to reserve a table.
6 Ask if your partner wants a non-smoking compartment.
7 Hand over the tickets and confirm two seats, second class, next to the window.

Situation 5(b)

Tarifs Famille

Voyager à moindres frais, c'est la sagesse quand on est plusieurs. Avec la carte couple/famille profitez de tarifs particulièrement avantageux dès la 2ème personne.

Le/La touriste

1 Ask if you are in the right place for the train to Bayonne.
2 Ask what time the next train leaves.
3 Say you are four people and you have a family card. Ask if the train will arrive on time.
4 Ask if the train is a through train.
5 Ask if it is a stopping train.

L'employé(e)

1 Say it is platform 2.
2 Say in 25 minutes at 9.10.
3 Say that you are not sure.
4 Say no, that one has to change in Dax. Say there is a connection at 11.15.
5 Say no, it is a fast train. Hand over the tickets.

Can't do it? Go back to Chapter 5.

Perte de contrôle : un blessé grave

Un jeune Nantais blessé en Dordogne

La voiture percute un poteau : un blessé grave

ACCIDENTS

Après avoir fait appeler les secours

LA PREMIÈRE CHOSE A FAIRE est de vérifier si l'accidenté respire, saigne.

ÉTENDEZ LE BLESSÉ
- sur le dos, s'il a sa connaissance
- sur le côté, s'il est sans connaissance.

ÉVITEZ qu'il se refroidisse.

NE LUI DONNEZ RIEN A BOIRE

Situation 6(a)

Un accident de la route, c'est ce qui arrive aux autres? Méfiez-vous!

Un passant

1 Ask what has happened.
2 Ask if your partner is injured.
3 Ask how it happened.
4 Say that someone is going to call the police accident service.
5 Ask if your partner made a note of the make of the vehicle.
6 Tell your partner to stay where he/she is and that you are going to get a glass of water.

Le blessé

1 Say there's been an accident.
2 Say it's not serious. Your back hurts and your friend has slightly hurt her leg.
3 Say you were crossing the pedestrian crossing, a car approached, it was doing more than 60 km/h and shot the lights. Say it all happened very quickly. Say there was a young child on the front seat.
4 Thank your partner and say it's very kind.
5 Say no, but there were witnesses, pedestrians and a motorcyclist. Ask for a drink, but not alcohol.
6 Thank your partner again.

Situation 6(b)

VITESSE

Les limites à connaître.

	Conditions normales	Temps de pluie
Autoroutes	130 km/h	110 km/h
Routes à 2 chaussées séparées par terre-plein central	110 km/h	100 km/h
Routes	90 km/h	80 km/h
Agglomérations	60 km/h	60 km/h

L'agent de police

1 Ask your partner if he/she has had an accident. Ask what happened.
2 Ask if your partner went into a skid.
3 Suggest that your partner did not know the speed limit.
4 Ask if anyone is injured.
5 Say that it isn't serious and ask if your partner will help you make out a report of the accident.
6 Say that he is waiting.

L'automobiliste

1 Say you were travelling towards Bidarray. The lorry in front suddenly slowed down, you tried to overtake the lorry, you changed lane and then it happened.
2 Say yes, that you braked but had no luck.
3 Deny this. Say you were doing 75 km/h.
4 Say no, you were wearing safety belts but unfortunately the car is broken down.
5 Express your willingness. Offer your driving licence. Ask if the lorry driver is still there.
6 Say thank goodness.

Can't do it? Go back to Chapter 6.

Plus d'essence? En panne? A bout de forces? Pour les voitures, moi, je ne m'y connais pas. Mais je connais quelqu'un. . .

Situation 7(a)

A la station-service

L'automobiliste

1 Ask for 30 litres of 4 star petrol.
2 Ask your partner to top up the battery.
3 Ask if your partner has a sponge to wipe the windscreen.
4 Thank your partner and say that is all you need.
5 Express your annoyance and ask what you are going to do.
6 Thank your partner and say goodbye.

Le pompiste

1 Confirm the request.
2 . . . Say there you are, you have topped it up.
3 Say that it is in front of the pump and that you are going to get the change. . . Hand the change over.
4 Point out that your partner's back light is not working.
5 Say there's a Citroën garage in the town, boulevard de la République, opposite the church.
6 Say goodbye and wish your partner a good journey.

Situation 7(b)

Au téléphone

Le conducteur / La conductrice

1 Say hello and ask if that is the Gimenes garage. Say you are broken down in Cassis but you cannot find a garage.
2 Say it is a Renault.
3 Say you do not know but that you cannot accelerate.
4 Say you think not. It is a new car.
5 Thank your partner and say you are in front of the Restaurant Gilbert, quai Baux.

Le garagiste

1 Ask what make of car your partner has.
2 Ask what is the matter with it.
3 Ask if your partner has a petrol leak.
4 Ask your partner to wait and say you will be there in fifteen minutes. It isn't far.
5 Say that you know it and ask your partner to stay with his/her car.

Can't do it? Go back to Chapter 7.

Situation 8(a)

Au commissariat.

Toute personne ayant trouvé sac à main contenant papiers identité et carnets d'adresses est priée de le rapporter au commissariat de police.. Récompense.

L'agent de police

1 Say hello and ask what you can do for your partner.
2 Ask when your partner lost it.

3 Ask if your partner looked for it in the coach.
4 Ask for your partner's name and address and say you will make a list of what was in the bag.

La fille / Le garçon

1 Say you have lost your bag.

2 Say this morning. Say that you had it when you got into the coach and that when you arrived in Millau you no longer had it.
3 Say you looked everywhere, that you are sure someone has stolen it.
4 Thank your partner.

Situation 8(b)

Au bureau des objets trouvés.
Vous venez de passer une demi-heure dans le jardin public à regarder les fleurs et les oiseaux. Toby ne s'y intéresse pas tellement.

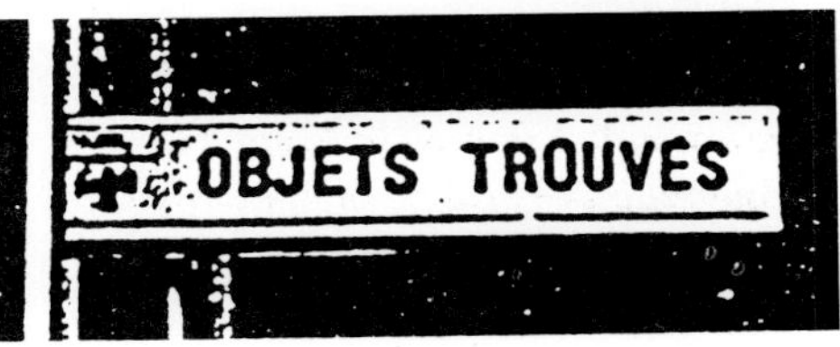

La fille

1 Say hello, that you have lost your dog, and ask if your partner has it perhaps.
2 Say it is small, has long hair and is completely black. Say that it had your handbag at the time.
3 Say money, a cheque book, some keys and your passport. Say that you are very angry and that your dog is stupid.
4 Say no, it is dark brown, the colour of your shoes.

5 Say how lucky and too bad for the dog.
6 Say yes and that you are delighted.

L'employé(e)

1 Say you have lots of dogs. Ask what it looks like.
2 Express surprise and ask what the bag contained.

3 Ask if the bag is the same colour as the dog.

4 Ask your partner to wait and tell her you are going to look . . . Say that the handbag is there but not the dog.
5 Confirm your partner's name.
6 Ask your partner to sign.

Situation 9(a)

Au bureau de poste.
PTT — Parents, Tata, Tonton! Même à l'étranger, vous n'êtes jamais seul. Tout le monde attend une carte postale, une lettre, un coup de téléphone, un télégramme.

N° 698 **TÉLÉGRAMME**

Étiquettes

Timbre à date

N° d'appel :
INDICATIONS DE TRANSMISSION

Ligne de numérotation
ZCZC
N° télégraphique
Taxe principale.
Taxes accessoires
Total . .
Ligne pilote
N° de la ligne du P.V. :
Bureau de destination — Code Postal ou Pays

Bureau d'origine	Mots	Date	Heure	Mentions de service

Services spéciaux demandés : (voir au verso)

Inscrire en **CAPITALES** l'adresse complète (rue, n° bloc, bâtiment, escalier, etc...), le texte et la signature (une lettre par case ; **laisser une case blanche entre les mots**).

Pour accélérer la remise des télégrammes indiquer le numéro de téléphone (1) ou de télex (3) du destinataire
TF______ TLX______

Nom et adresse

TEXTE et éventuellement signature très lisible

La fille / Le garçon

1 Ask for two stamps at 2F.20.
2 Say you want to send a telegram to England. Ask which 'window' it is.
3 Thank your partner . . . Say that makes ten words and ask when it will arrive.
4 Say that's good. Ask how you can telephone Paris.
5 Thank your partner but say that it is for tomorrow.

L'employé(e)

1 Hand them over and ask if that is all.
2 Say there are some forms on the side there.
3 Say this afternoon at the latest.
4 Say there's a public call-box in the street, and that call-box number 3 is free if your partner prefers.
5 Show you understand and then say 'Let's see, how much does that come to?'

Situation 9(b)

La fille / Le garçon

1 Say you want to telephone a hotel in Gisors.
2 Say unfortunately you haven't, but you have the name of the hotel.
3 Say you have found the number of the hotel. It is 32.55.23.51.
4 (au téléphone) . . . Say hello and ask if that is the Hôtel Moderne.
5 Give your name. Say hello and ask if you can reserve a room.
6 Express your disappointment and say you have been cut off.

L'employé(e)

1 Ask if your partner has the telephone number.
2 Suggest that your partner looks in the telephone directories opposite.
3 Say that call-box number 2 is free.
4 (au téléphone) . . . Say hello and ask who is speaking. Say it is a very bad line.
5 Say hello and that you cannot hear anything.

Can't do it? Go back to Chapter 9.

Situation 10(a)

A l'alimentation générale.
Vous cherchez un nouveau fromage? Vous cherchez une nouvelle image? Dommage! . . . Mais courage, allez-y quand même!

Le garçon / La fille

1 Excuse yourself and ask for the cheese counter.
2 . . . Ask for a piece of camembert.
3 Ask for a slightly larger piece. Thank your partner and ask if he/she has any Bleu d'Auvergne.
4 Decline and say it is much too dear.
5 Ask how much that is.

Le vendeur / La vendeuse

1 Say it is over there, right at the end.
2 Confirm the request and say 'Like that?'.
3 Say you are sorry but that there is none left. Say you have some Roquefort and ask if your partner would like to taste it.
4 Say you are sorry but that is all you have.
5 Tell your partner that he/she pays at the pay-out. Ask whose turn it is now.

COMMENT CONSERVER ET SERVIR LE ROQUEFORT

Il faut lui éviter les variations trop brusques de température.

Le morceau de Roquefort, destiné au plateau de fromages, sera chambré comme un grand vin, une heure au moins avant le repas. Il offrira alors, dans toute leur plénitude, son moelleux, son parfum et son goût raffiné.

Situation 10(b)

A BAB2

BAB2 85 boutiques et Carrefour

La fille / Le garçon

1 Say you would like a pullover.
2 Ask if you can try it on.
3 . . . Say it is slightly too big. Ask if your partner has anything in yellow.
4 Ask if it is of the same quality.
5 Say you do not like checks very much.
6 Ask if your partner has anything cheaper.
7 Say thank you all the same and goodbye.

Le vendeur / La vendeuse

1 Say you have a lot and suggest one of them.
2 Say yes and that there is a mirror behind your partner.
3 Say yes, hand it over and say it is a 14.
4 Say yes, it's made of wool.
5 Offer another pullover.
6 Say of course, but that it is not of the same quality.
7 Say goodbye.

Can't do it? Go back to Chapter 10.

Do you know your onions?

A Below are some unusual uses of words for food. Can you match up the sentences with their English equivalents?

1 Garder une poire pour la soif.
2 Appuyer sur le champignon.
3 Faire chou blanc.
4 Ménager la chèvre et le chou.
5 Mettre tout en salade.
6 Tenir l'assiette au beurre.
7 Faire vinaigre.

(a) To have a nice fat job in the government.
(b) To sit on the fence.
(c) To get a move on.
(d) To save for a rainy day.
(e) To accelerate.
(f) To get a 'duck', fail to score.
(g) To throw everything into confusion.

B
1 Il est haut comme trois pommes.
2 C'est un sac de pommes de terre.
3 C'est la fleur des pois.
4 C'est la fin des haricots.
5 Il est bête comme chou.
6 Il est dans les choux.
7 C'est un vrai beurre.

(a) He is in a mess.
(b) She's the pick of the bunch.
(c) It's the absolute limit.
(d) It's a doddle.
(e) He's knee-high to a grasshopper.
(f) He's as soft as a brush.
(g) She's a big lump of a woman.

C
1 Tu me prends pour une poire?
2 Il va te flanquer une pêche.
3 Il a eu la cerise.
4 Occupe-toi de tes oignons.
5 Il n'a pas un radis.
6 Il va planter ses choux.
7 Il a là un gentil petit fromage.
8 Mon petit chou.

(a) He's going to retire to the country.
(b) He's got a soft job.
(c) He's stoney broke.
(d) Is there any green in my eye?
(e) My dear.
(f) He's going to fetch you one.
(g) He's had a run of bad luck.
(h) Mind your own business.

Solution A 1(d) 2(e) 3(f) 4(b) 5(g) 6(a) 7(c)
B 1(e) 2(g) 3(b) 4(c) 5(f) 6(a) 7(d)
C 1(d) 2(f) 3(g) 4(h) 5(c) 6(a) 7(b) 8(e)

Acknowledgements
The author and publisher would like to thank the following for permission to reproduce material in their copyright:
p20, p56 D'après carte du pneu Michelin No 915, 239
p21 D'après Guide FRANCE du pneu Michelin, Édition 1987
p21 La Fédération Nationale des Logis et Auberges de France
p21 Guide des Relais Routiers
p35 Syndicat d'Initiative, du Pays de Dol
Illustrations by Martina Selway
Cover illustration by Liz Baranov

This symbol indicates material recorded on the accompanying cassette.